夜光杯文丛

百衲衣

Bainayi
Huang Zongying Zhu

黄宗英◎著

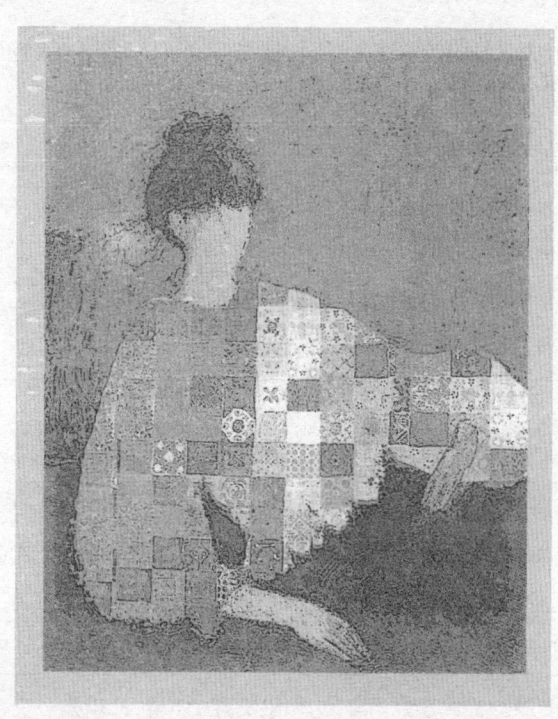

文汇出版社

图书在版编目(CIP)数据

百衲衣 / 黄宗英著. —上海：文汇出版社，2010.8
ISBN 978-7-80741-941-9

Ⅰ.①百… Ⅱ.①黄… Ⅲ.①散文-作品集-中国-当代 Ⅳ.①I267

中国版本图书馆 CIP 数据核字(2010)第 129918 号

新民文库·夜光杯文丛·个人专辑

百衲衣

作者 / 黄宗英

新民文库总策划/朱大建

特约编辑/贺小纲　　责任编辑/陈今夫　　封面装帧/周夏萍

出版发行/文汇出版社(上海市威海路 755 号　邮编 200041)
经销/全国新华书店

照排/南京展望文化发展有限公司　　印刷/江苏启东市人民印刷有限公司

版次/2010 年 8 月第 1 版　　印次/2010 年 8 月第 1 次印刷
开本/890×1240 毫米　1/32　字数/210 千
印张/11.375　　印数/1—5 000

ISBN 978-7-80741-941-9　　定价：28.00 元

读黄宗英《百衲衣》
——我的"小妹"情结

黄宗江

一晨,我乘轮椅自莲花池归家,路上一中年妇女走近,开口就说:"请问,黄宗英还健在吗?"我答:"在而不健。"又找补了一句:"还在写。"知音慰然而去。

宗英患脑栓塞;又脊椎骨折,卧病坚挺于华东医院逾三载。《新民晚报》编辑贺小钢隔三差五发其"百衲衣"近百篇,今连辍结集。我感到首先得感激华东医院。在这里寿终我的知交师友,就有巴金、佐临、柯灵、特伟、孙道临、乔奇、李玉茹……寿贺百岁的汤晓丹、陈鲤庭……还有比我小四岁,年仅85的我家小妹。她放在膝盖上写作,随时准备着或入世、或出世、或开笔、或掷笔,录其一生得失,或巨浪、或轻波……

我是她大哥,她是我小妹,我们时见时不见地近一个世纪。她的这些纪实文字,我过去大多看过,说的她身边事我也大多熟悉,我现在仍饶有兴趣把这本书的大样一篇篇翻过去。字里行间也时见我出现,零零碎碎的。翻过大半部,忽见出现一篇《童年对我影响最大的人》,写了我们的爸爸后,就写到了"再有,是我大哥宗江"。

"他老是干些我想不到的事,我最疼他。他13岁时办了个正正式式的铅字印刷的报纸《黄金时代》,我只得投稿。他到上海演话剧,我也就跟着上了台。他恋爱,我就用才学的英文打字的本事,帮他打那长长的、我不太懂的情书。他游海外,我就替他承担长子赡养母亲、扶持兄弟的责任。青少年时期,我们从不谈心,却彼此了解、笃爱。而今,年龄愈增而弥甚。

摇头晃脑抑扬顿挫教古文的长髯老先生,给我们上《祭妹文》,老泪扑簌,痛哭流涕,好像是自己的妹妹死了。当时,我还想,我若死了,我哥哥也会写一篇很好的《祭妹文》;或从此把笔扔了……现在,他祭我,我不忍;我祭他,他可能'笑场'(每次,我一本正经对他,他都'笑场')。还是暂时谁也别祭谁,多写些让大家都不哭的作品吧。"

小妹写的极准,却不尽确,有想象得之处。我一生写过一些情书,有的让她看过,但我从未写过英文情书,包括对洋妞。再有,我十三岁时在青岛上中学,和比我大三岁的李普,在萧军主持副刊的《青岛日报》上编过一个周刊《黄金时代》,文字是李普和我两人全包,从未收到过外稿。这《黄金时代》顾名思义面对少年读者,而宗英那时是才八岁的儿童,我一点不记得有她的稿件。

有一点她说的特准确,就是"青少年时期我们从不谈心,却彼此了解、笃爱。而今,年龄愈增而弥甚"。说来也怪,兄妹之间,无需谈心,却心心相印。

我俩都从事艺文,却从不论艺谈文,我们当演员时,当然是崇斯(坦尼)却从不谈斯;当作家时当然是崇毛也从不谈毛。不过在

"文革"后有一次《宗英宗江"一家"争鸣》幸得《电影文化》记录在案(1980.4)，辑我发言如下：

前天我逃会，黄宗英对我进行"攻击"，我要"自卫还击"。我们兄妹相骂，也是百家争鸣的一种形式吧。回忆当年，大概一九六一年，由于我在新疆，乃幸免于四人帮狠击以周恩来为首的新桥"黑会"。在和田遇好友李恩杰，他向我传达了周扬同志说的"写熟悉"。不久，接到黄宗英的"密件"，我就给她回了电报"写熟悉，莫忘深入生活激流"。不久以后，我在内蒙又收到了宗英一个电影剧本，我又回了一电。后来，在京我碰到阿丹。他说，你的电报写得很刻薄，不过还是对的。夏(衍)公还称赞"兄妹电报谈创作"。我忘了我都写了什么。瑞芳给了我温柔一击，我一下子把原词都想起来了。有位女作家赵清阁同志，辈分比我们大。当时她写了一个电影剧本《向阳初开》，是她首次写工人题材。可是黄宗英写了一个我们家乡温州瓯剧里的民间故事，一位小姐为纺织工人的情郎殉情，吃了毒药，叫断肠红。剧名还就叫《断肠红》。我于是又给宗英发了电报说："清阁女士向阳初开，吾妹反于闺次断肠"云云。"断肠红"也不是不可以写的，但此时此地宗英七稿八稿终于没有搞成。后来她就去了宝坻，和三个姑娘相处。总理说过，我知道宝坻三个姑娘，还是宗英同志首先告诉我的。总理可没说："宗英呀，我读了你的《断肠红》，为之断肠呀！"所以宗英还是找了更重要的事情去做！

以重大题材为名压制多样化，我是不赞成的，可世间是有重大的东西的。宗英为我遗憾：你不写敦煌，不写侯宝林！……常书鸿是我的忘年之交,一九六三年我有一个稿子《敦煌夜谈》是为君里同志写的,也曾是我的一条"罪状"。侯宝林,我说过,我要写一个从慈禧驾崩到江青崩驾这一历史阶段,几代艺人。侯兄闻之大悦。有人找他说,我们写一写你,他说:"对不起!黄宗江同志在写我!"对我如此义气,如此钟情,我岂能搁笔?可是我无论如何觉得,写张志新比写侯宝林要重要一些,有一个重要不重要的问题咧!

写张志新我是全力以赴,死而无怨的。当然,写的要符合三中全会精神,但我可以说,三中全会讲的留给以后解决的问题,张志新已经谈及了。同志们帮我想想,能不能符合三中全会精神,又超越一点呢?

宗英当时还说:"中央政治局里的团结和斗争最重大,老百姓也最关心,但哪个作家能写?"是的,我不能写。但是我至今还常想旁敲侧击一下"马克思加秦始皇"这样的最最最修正主义呢!

宗英当时在会上还送了我一副对联:"扑不灭的火焰,完不成的杰作。"我答谢并稍加变动为:"火焰扑不灭,杰作要完成!"这是自励语。其实别说吾辈,就是先贤大师们,曹禺、巴金、托尔斯泰、罗曼·罗兰……都是写到死仍憾未尽言。应向一百零五岁的周有光学习,朝闻道夕尚未死,继续笔下纵横。

我前几年一个字也写不出来了,提笔忘字,提名忘姓,吾妹知我一生的感情生活,我一向可说是宁人负我我未负人的,却在自己最后的黄昏做了一次负心之人,悔歉无极,了无生趣,甚至怀疑自己得了老年痴呆症、抑郁症。我的中学大学同班"御医"吴蔚然为我开了药,我终未服。深究自己的病源,大概是负心症。但总不能这样沉沦无底。读书吧,读读世间书。读巴金《随想录》读宗英《百衲衣》读李瑞、李普、李慎之……渐感到自己体温尚存,心态开朗,再次握笔迄今。深感这人间的亲人、爱人、友人,这人民与人类的人与事是写不尽的,仍有我们可写的,不论是社会和谐、世界大同的大事,乃至风花雪月,鸡鸭猫狗。

这次读宗英书大样,尤感动的是附于最后的两篇报告文学得奖作《大雁情》与《小木屋》。我心中又编织出另一段人间神话:观世音见到了被贬下凡的织女以百家舍布编织的百衲衣,菩萨叹曰:这斑斓大地上的各家碎布有似晴空的片片浮云,可称"百纳云锦"了,愿交世博会展销云云。

2010 春寒转暖

目录 Contents

读黄宗英《百衲衣》——我的"小妹"情结 / 黄宗江 /001

第一辑 百衲衣

百衲衣 /003
急性子 /004
"反倒笑了" /006
小斜眼儿 /009
我喜爱孤独 /010
673 跳 /012
《渴望爱情》读后 /013
不知什么滋味 /015

援救高远 /017

家长里短 /019

追踪徐迟 /021

大起来的烦恼 /024

征途的人 /026

看戏 /029

怎么舍得你！郁风姐 /031

第一课 /033

亏了急性子 /035

开夜车 /036

实习生 /038

安息吧，英茵 /040

庆《蜕变》连演二百场 /042

第一次登台 /044

我是演员啦 /047

《蜕变》被查封 /049

156号 /050

谁把霜林醉 /052

三见岗哨 /055

伊呀嘿呀呼嘿——《神迷川藏线》书画册代序 /057

两本好书——李林译文集 /059

赵丹书画遗作展 /061

回家了，好好过 /064

说说减肥丸 /066

祖母们 /068

美丽的青岛 /070

油炒面 /072

大侠黄枫 /073

理囚衣 /076

同一轮月亮 /079

我想她——李玉茹 /082

牛裁缝 /085

我演梅表姐 /089

谢天涯海角知音 /092

不演陈白露,要演翠喜 /094

尊重同行的创作劳动 /097

如果你心里忧郁 /098

年年过年 /101

老 /103

可爱的英子 /105

焦阿姨 /109

瞬息舞台 /113

人老簪花不自羞 /116

老年的自尊 /117

天涯何处无芳草 /120

残章断句 /123

女儿是爸爸贴心的小棉袄 /125

美的享受 /130

八十芳龄的徐凤翔 /132

第二辑　梦中梦

独乘稿页之小舟——致岑范信 /137
住在大哥家 /141
圣诞老人的大袜子 /143
赶五十年前的时髦 /145
读《丝将尽，泪欲干》/147
朝霞中有一青年——记青年植物病毒学者陈剑平 /150
冷门与热门 /153
森林女神的梦 /156
平安家书 /158
水仙·我俩·他俩 /160
贺韩美林娶妇 /162
谗 /165
谢谢翻译家们 /167
涌涌红杜鹃 /169
走前一步的徐迟 /172
心到就好 /175
匆匆一掠中州 /178
我被叶君健吓着了 /180
我嫉妒 /184
夏练三伏之乐 /187
冬草之歌 /189
好个新凤霞 /192
有病不呻吟 /194
开学了 /197

子夜续读 /199
多好啊! /201
致电影《家》的伙伴们 /203
给董鼎山的信 /207
书名已想好了 /209
我的近况 /211
李景端的"三次方" /214
加油！加油！！！ /216
他拣了个好日子,漫天灯火迎他 /218

第三辑 霜叶血

童年对我影响最大的人 /223
翩翩长者陈鲤庭——他也是我的电影引路人 /233
赵丹永远活着 /243
张正芳小传 /255
大雁情 /263
小木屋 /297

编后记 /344

第一辑　百衲衣

毫釐出书，
也是人生的又一次分娩

百衲衣

  民间有个风俗：谁家生孩子，当姑的要为将生的孩子缝一件百衲衣，衣面是向一家一家讨来的花布头拼缝而成。有了百家的呵护，孩子会结结实实长大。
  我现就给自己缝件百衲衣，自娱自遣，并以之谢我知音。

2006 年 11 月 18 日

急性子

急性子：中药名。果实似葵花子。晒干后，一碰壳马上裂开，子蹦跳出来。故名。

X太太："九条！"

Y太太："碰！"

我娘："和啦！！青一色、一条龙，哎呀！黄天三宝、黄天三宝（温州话：天老爷啊），哎呀呀，不得了……"

"嗯啊——嗯啊——嗯啊——嗯啊——"

"小毛头生在裤脚管里啦。"

"生个急性子。"

"盼姑娘就生个姑娘。道喜！"

一阵混乱，一阵狼狈，一阵大呼小叫，我无法形容了，因为我就是那急性子，嗯啊嗯。

我一天天、一年年长大，并不显急性子；只有一阵没一阵犯性子，平常挺乖的，挺听话的，爹娘稀罕我这个女儿。我大姐长我

14岁,二姐长我一轮。我母亲是继母,生了两个哥哥,两个弟弟,全家都盼能生个穿小裙子的姑娘。我生来得宠,没发生"庄公寤生惊姜氏"惹母亲生气的事。

2006年11月18日

"反倒笑了"

谁家都有爸爸,谁爸爸都不如我爸爸。

我爸爸从来不对我们说不,说不许,说别淘气。爸爸的理论是:小时不淘气,大了干不成事。我爸带着我们上树采桑葚,带着我们下海游泳,说:"别带那保险圈。喝几口水就学会了。"爸爸爱我们,我们爱爸爸。可是爸爸病倒了,出差回来传染上伤寒,那年他足龄47岁,共有七个子女,三女四男都正读书。

打我娘陈聪嫁到黄家就有老张妈了,她是打杂的。哪儿需要人她就出现在哪儿,更像是大管家,人缘特好,只因我家有个小张妈,大人们都叫她老张妈;而孩子们管母亲叫娘,管老张妈叫妈。

爸爸在1934年秋,患伤寒症。不知为什么不住医院,坚持在家请日本龟田大夫来看。眼看要好了,一直食流质,吃得馋了,磨着母亲要吃火腿末烧粥,吃进去没两个时辰开始便血,大便血,龟田先生来看了,说"准备后事吧"。一定是火腿末怎么说也有角,把爸爸虚弱的肠胃捅破了。止不住了,一直在便血,人眼看就不行了,夜半三更,我正在睡梦中,老张妈进屋来推醒我,说:"快!快!你爸爸要走了。"她捶我弟弟,捶不醒,就麻利拽着我往爸爸卧室跑,我只见爸爸正被两个大男人支撑站着穿衣服。不,不是穿衣服,是一层一层给爸爸套丝绵,把爸爸套成丝绵人。爸爸还大喘着气看了我一眼就闭上眼了。忽地静极了,跟着我娘一阵号啕,老张妈推我"跪下,哭啊!"我才跟着大哭起来:"爸爸呀,爸爸……"

这时,爸爸已经被丝绵包裹得严严实实,用麻绳缠紧,说是千年百代骨骼架子不会散开。就这样外面穿上一层层的寿衣,爸爸要是有知,一定会反抗的。当老张妈牵着我的手走出来时,大哥二哥已经从青岛中学被接回来了。我们碰了面没说话,老张妈嘀咕说:"这么多儿女就三姑娘一人送终。"

龙头本白粗布不缲边的孝袍一件件做好了。不上学了。家里大院子一半搭了个大席棚,当中摆着棺材,爸爸被塞进棺材,脸上还化着妆,大棚里挂满送来的素幛,供桌上摆上白蜡,日夜点着。供品水果点心签到簿码得满满的,家属轮流陪灵。每来客人吊丧,丧乐吹奏起来,我们就陪着磕头,陪着哭。只有小弟,才4岁吧,开心得很,提着旧年买的小锣,"噔噔噔噔噔"绕着来客停在门前的车列转圈圈玩。晚上睡觉小弟也不肯脱新孝服,老张妈劝说:"明儿白天大家的孝服都挺括括的,就你的皱巴巴,难看吧。"他才舍不得地让脱了,可又不肯摘黑箍,只好把黑箍缠在他光溜溜的胳膊上。我四叔从故乡瑞安来青岛奔丧,四叔面貌、身段和我爸特像,一进门,被小弟发现,大喊:"爸爸从木头匣子里出来啦！快来呀！爸爸从木头匣子里出来啦！"

我母亲病倒了，在小脚李妈屋的床上为她铺了铺盖枕被休息，有电话来是许伯伯找我娘说话。人家说："麻将牌已经糊好了给你送来吧。"我娘说："留给你用吧。"许伯伯说："是给述西（爸爸的字）糊的。"我娘说："述西不打麻将的。"说着又哭了。母亲失神落魄，眼睛也定定的，说话谁也听不懂。大人说母亲已经得了精神病了。我们怎么办？

大哥二哥在陪灵。我坐在饭厅桌边愣愣地，不知干什么好啦。老张妈就端来一个箩筐，装着锡箔纸，来教我们摺元宝，大弟也抢着摺。表哥表姐来吊孝，也跟着我们摺，仿佛我们在做手工游戏，比赛谁摺得像元宝。摺好的元宝，放进一只白纸印有字的口袋里，上边用毛笔写有"敬奉显考黄曾铭先生收启"（父名曾铭字述西）。夜深深，夜静静，小表姐突然噗哧笑起来，我也笑了，表哥表弟都笑了，并仿佛拨动了笑筋笑个没完没了。张妈进来愣了："你们这些孩子，人死了要哭七七四十九天，怎么你们不哭反而笑了？"她越说我们反而越笑，大家都闹不清有什么好笑，只听老张妈狠狠说："你们笑，死人在路上要摔跟头的！"我们才渐渐息了笑。

2006 年 11 月 19 日

小斜眼儿

　　我不知道自己什么时候变斜白眼的,也许是二三岁时左眼黑眼,一天一夜全天候向右看齐再看齐,到三四岁时就成了斜白眼了。大人带我去看西医眼科,说是可以试试开刀,不一定成功,还有一定危险。父母舍不得,又去看北京四大名中医之首孔伯华。孔伯华说:每天厨子买菜时带一片新鲜牛肉片,洗净了贴在左太阳穴上,天天贴夜夜贴就扳过来了,要有耐心,别三天贴两天不贴。厨师得令,我照办。

　　我对自己斜白眼没什么阴暗心理,也许大家并不讨厌我吧。七岁,我父亲从北京西城电话局调往青岛电话局,任总工程师。我报考了江苏路小学一年级,混合分班时,我亲耳听姜老师喊:"我要那个斜眼儿。"眼儿斜了还有人抢,不亦悦乎。

2006年11月30日

我喜爱孤独

我生性随和,交游广泛,人缘好;我这辈子是在亲友的呵护宠爱下过日脚。到老来,"访旧半为鬼",身边渐渐冷落许多。惹得亲友常常为我的孤独担忧,谨借报刊一角,公然宣告:

我喜爱孤独。

孤独是我奢侈的享受,是我热闹一生的补偿。

我16岁从艺。早就养成在热闹的环境里,独自专注地看书和咀嚼文字的习惯。如果灵感来时我想写作,随便找张纸或在小笔记本上书写就是。笔,经常像小学生挂钥匙似的挂在脖子上。

早先,赵丹活着时,我们有时悄悄离开宾来客往的家,住到衡山宾馆或东湖宾馆去。那时宾馆的标准间仅15元/日,是我们的高工资承担得起的。于是他请服务员搬来一张方桌,我让服务员为我找来一个装生鸡蛋的大硬纸盒,于是他画我写,做两周清闲的"旅游",然后回家,带着像从海南天涯海角归来的心情。

这两年,我成了留守空巢的孤老,也是医院里双人间的病员;

无论在家在医院,只要没人对着我说话,只要我的健康状况还允许,我就可以在别人家宾客来访、电话嘈杂中,看我的书,写我的字。我的儿女都是地球人,常打电话来,我第一句话就是问:"在哪里?"他们常抱歉说:"不能到医院来陪陪你。"我说:"你们忙着我就高兴,我不用陪。我一个人从不觉寂寞。我还不懂什么叫寂寞。"

欣赏孤独的人,是有福的人,是心态年轻的人,是善于思索的人……

孤独,是创造性活动的重要环节。孤独有助于思维的内在整合。孤独是把自己化为流质,溶化在透明的封闭的玻璃仪器里,让千思万念像沸腾的水流,五颜六色、奇形异状、交叉、对决、选择、过滤、沉淀、结晶、醒悟、升华,进入一个新的思想境界,于是繁琐小事看开,大事不糊涂。所以,偏居一隅,依然能倾听群众心声的脚步。

孤独对我从不是单纯负面的词语,亲人们朋友们,请不要为我的孤独担心。

2006 年 12 月 7 日

673 跳

在青岛江苏路小学时,学校经常举行各种比赛。我12岁(1937年)那年,代表三年级(3)班参加跳绳比赛。动作很简单:两只手握着绳子两端,抖搂起来着地跳过去。跳呀跳,只要不绊腿,就一直地跳下去,身边有监考帮你数数。我细瘦的长胳膊长腿很轻盈地一下一下跳,跳了673下,得了全校比赛第二名。那第一名跳了1 000多下,想想不可思议。

我现在脊椎压缩性骨折,治疗康复了一年多,还不能自己走路。此生恢复到能跳,简单地跳两下,也是梦了,81岁的梦。

2006年12月15日

《渴望爱情》读后

毛看一眼,就知道她是好人。让人感到一种亲和力。在一群人中想找个说话的,找谁呢?就是她吧,她叫彭新琪,毕业于复旦大学中文系,是我在上海作家协会的同事,是《收获》和《上海文学》杂志的编辑。同事而成终身密友,幸哉。

最近,她到医院病房来看我,赠我一本新出版的她的书:《渴望爱情》。

这是一本18万字的散文集。是新琪近年发表在杂志报章的作品。开篇就是《巴金和肖珊之恋》。肖珊原本是上海的一名中学生,1935年读了巴金的作品给巴金写信,1936年见了面,谈了8年恋爱才结婚。新琪执著地、长期地询访记录巴金与小友肖珊的交往,不擅言谈的巴金也掏心窝子地谈他和肖珊的往事细节,以纪念她不幸的早逝。新琪写好给巴金看时,巴金竟还说"不够",又补充了些,以致使我看到了迄今为止最详尽的描述他们执著的爱,乱世里的夫妻情,浩劫中的生死别,历历如亲见。

这本小书写尽多少知识分子夫妇的爱情。除巴金夫妇、冯亦代和我、万籁鸣夫妇、贺绿汀与姜瑞芝、黄炯铖与冯慧君……是一册歌颂爱情为主的书册。也包含师生之爱、友情之爱、下放时与房东的爱、编辑与作者之爱,最动人的是她写了烈士母亲临刑前与儿女之爱,好一篇《母亲的心》,沉甸甸的,值得永久纪念。怪不得她获得了"全国文学期刊优秀编辑奖"。

想到新琪,就想到:上海冬日的早晨,阴冷湿冷。马路上还没多少行人。

忽然一阵整齐的"踢踏、踢踏"声由远而近,我看到一队高中学生晨练跑步,高高的男生队列旁,是一名娇弱的女老师——是彭新琪。胸口还挂着一枚叫笛,热气腾腾的队列啊!怪不得干校里好久看不到她了,她被分配到中学任教去了,"文革"后才调回编辑部,她干什么都认认真真,兢兢业业。我骄傲有这样的朋友,在人生的征途中,无论什么时候,我想起她时,都很提神。总想象她在"踢踏"的队列中领跑,时而吹响两声哨音,我不敢掉队。

2006年12月26日

不知什么滋味

初到上海是1941年初秋。在辣斐德路桃园村,小小亭子间,兄妹两人住着,遗憾它不像我想象的四面玻璃窗的小亭子。

一天下午,大哥对我说:"我出去了,有人找我,让他6点钟剧场后台见。""哦,我又要自己啃面包了。""你到小馆吃馄饨吧。""我不习惯一个女孩自己在饭馆吃饭。""慢慢习惯吧,别人来找我喊我名字王中刚,上海话黄王不分,黄字他们就是大头王。""明白。"

我自己在小书桌前,正襟危坐看那看来看去也看不懂的《史坦尼斯拉夫斯基》——黄佐临说它是演员基本修养。

猛听得窗外一声吼:"王中刚——王中刚!"我忙应声下楼去打开后门,应着第三声"王中刚"我对那人说:"我阿哥约你6点钟到剧场。""要几块?"他掀开篮子里的棉布盖,我才醒悟到"王中刚"是一种糕点,我脸红了,嗫嚅地:"……两块。""一角。"他用夹子给我夹了两块糕,用张小报纸垫着,从我手心里拿走一角钱。

那年头卖小食品的都用旧报纸包装：花生米、豆腐干、糖炒栗子、生煎包子……

黄松糕，松软软，温乎乎，味道说不出，淡淡的，仿佛小时候吃过。傍晚，我到了剧场，哥问我中饭吃什么，我大声回答："王——中——刚。"说完自己咯咯笑个没完。

后来想起9岁时，随父母回瑞安奔祖母丧，大人也常给黄松糕吃。那可考究得多，只手掌心大小一小包，包中腰用红色印着李大同黄松糕。打开隔油的包装纸，里边是一叠长条的小片片，吃在嘴里，软软的，松松的，说不出什么滋味，可我特爱吃。前几年，回乡探亲，堂姐黄文敏又送黄松糕来，说："你爱吃的李大同黄松糕，今天早上刚做出来，我排队给你买的。""排队？生意那么红火。"买卖可兴旺哩，这几年台湾人回来探亲，亲友们总说："你什么也不要带回来，只多带些李大同黄松糕最好。"

我明白了，黄松糕是故乡的滋味。

2007年1月1日

援救高远

一个星期六下午,侯隽来到我病房。"大老远从天津奔上海,开会,还是业务洽谈?"我问。她答:"参加一个网友见面会。"我笑说:"蛮时尚的。""是津沪老知青联手救上海同济大学应用数学系同学高远。"

刚刚发着高烧以 626 分考取大学,通知书来时,高远就病倒了。被天津血液研究所诊断为"急性淋巴细胞白血病"。想根本治愈只有骨髓移植,医药费用需要 60 万元。啊呀!高远的父亲是老知青高河然,他开了个卖电脑器材的小店;母亲是中学教师,每月工资 1600 元。为了凑齐第一阶段的治疗费,只好把小店转手,再加上家里仅有的储蓄一共 5 万元,只够交第一个疗程的化疗费。父亲只好来找侯隽。侯隽是宝坻区政协主席、宝坻桑梓助学基金会副理事长和红十字会名誉会长。侯隽说:"那么好的一个孩子,放弃治疗太可惜了也太残酷了。"于是她自己带头捐款,并呼吁"慈善机构、社会团体和天下的好心人,大家有钱出钱,有力出力，救救这个孩子"。

　　侯隽在中国知青村网站上发了《每日新报》有关高远的报道和自己的求助帖子。考虑到高远是同济大学的学生，她想到自己在参加黑龙江知青馆奠礼时，结识了许多上海知青，于是她向曾下乡到内蒙古插队，被誉为深圳"爱心之星""绝世好老板"的承明求助，热心的承明说："高远这孩子治病的金额大得可怕，但侯大姐为了一个素不相识的孩子，开口向我们求助，我们岂能袖手旁观！"承明把《救救高远这个品学兼优身染重病的大学生吧！侯隽为挽救高远的生命求助天下好心人》的帖子发到上海知青网上。

　　从去年10月16日帖子发上论坛，反响热烈，"支持侯大姐的善举""表爱心，愿孩子早日康复""一齐努力"，一时间数百名知青跟帖，于是"浦江情捐助高远爱心月"活动从10月18日正式开始了。

　　12月12日，中华骨髓库传来喜讯，高分辨结果与一名志愿者相配10点，属于非亲属全相合，配型成功。

　　目前高远已做完第六次化疗。孩子病情稳定，预计1月下旬做手术，生活再次让高远满怀希望，生活再次向我们显示天下毕竟还是好人多。

2007年1月10日

家长里短

我喜欢上学,好玩。我也喜欢放假,哥哥姐姐全回家了。暑假了,中饭后,我和大弟宗洛在肩膀上架一小凳,手里各持一把蒲扇,用蒲扇轻轻敲击小凳,小声吆喝:"搔痒痒捶腿扇扇子。"两人都光着脚在擦得光亮的地板上转悠。往往就被娘叫去捶背,大弟给睡在铺席子的地板上的大姐轻轻扇扇子。反正我和大弟每天中午都各能赚两毛钱。我钱存在扑满罐里。其实我们每月都可以得到零花钱两块钱,我也存起来,存到十元时就找厨师王师傅换一张十元整票。等我大哥回家时把十元给大哥。兄弟姐妹间我最宠爱大哥,他开销大,白天要看电影,晚上要看戏,还得买书,娘给他的零花钱总不够。有时遇好电影也带我去,在回来的路上给我买 icecream pie,就是这么吆喝,雪糕中文名冒出来不知是谁译的,我知道我给哥的钱哥在用,我很满足。

我爸爸崇信劳工神圣,可家里雇了八个仆人——有的是穷乡亲来投靠,什么东岭嬷、西岭嬷,指派一个看我,一个看大弟,我们已不需要人看,我们自己钻空子也找不到活儿干。我娘一听我爸汽车喇叭响,就去洗手绢,然后就用花花绿绿的丝线给我们织墨盒套。我娘视力差,钩线用不着费视力,可我爸特感动,而我们常常调换不同色彩的墨盒套,到学校显摆。我爸死了,仆人减至两人——老张妈、小脚李妈。爸死后,我家从月收入360银元到收入0元。我们离开青岛的花园大洋房,投亲靠友举家来到天津,住在近郊的简易三合院。三间正房,我和娘一屋,四个男孩子一屋。东厢房是厨房和下房,下房里挤住着老张妈和小脚李妈,李妈带小弟睡。小弟六岁上小学后,小脚李妈也回家了。

娘在陈伯伯当行长的金城银行有一个小保险箱。我有时搀娘去看保险箱,我眼看半箱首饰(长命百岁锁、小手镯、银筷子、小元宝之类)只剩下一根金项链,还有些许玉片、散珠。娘告诉我:她死的时候,帽子上要缝一片翠片,嘴里要含三颗珠子。我说:"娘不会死的。"娘说:"我说如果……""没有如果。我初中毕业后,可以考开滦护校,不交学费,还有津贴。"我看保险箱里还有些股票,都是为"实业救国"促销的,什么汉冶萍矿业公司,大生纱厂,通易信托公司,电灯公司……我不懂,娘也不懂,只说:"别去考护士,当护士太苦了。"

有一天,娘特高兴,买来很多好吃的点心。这我才知道是汉口中英电灯公司股票分红了,我家黄述西名下得红利一千多元,于是哥哥们上大学的学费有了。

大哥宗江、二哥宗淮(以后还有宗洛)都进了燕京大学。

2007年1月28日

追踪徐迟

天很冷,太阳很大,预示有什么好运气。邮局送来百花文艺出版社的赠书,好重好厚,仔细松绑,哎哟喂!腰封是醒目的《江南小镇》,书名:《我的文学生涯》。徐迟!!!久违了,好想好想你啊!

1997年吧——是徐迟离世后的一年。女作家张抗抗打电话给我:"宗英大姐,你们家有徐迟的《江南小镇》吗?""有啊,就在亦代最喜欢的书的书架上,我举手就能拿到。可只要我靠近那书架,他就斜着眼盯着我。你想看,他不会拒绝。"抗抗犹疑着:"不是我看,是我在哈尔滨的老领导想看,他在南浔一带战斗过。他买不到这本书,我也买不到。出版社的社长带着我查遍了库房,也'找不到'。""早已脱销了。"我说。抗抗惋惜地:"是绝版了,眼下出书难,又不知什么时候能再版……老人家……"我果断地:"你自己和冯老说说。事情我来办,把哈尔滨地址姓名给我。"

我在寄哈尔滨前,把整本书复印了,花了90多元,我担心冯亦代忽然要查某年某月他和徐迟正干什么事——他们从青年时代起,就是螺丝离不开螺母的莫逆之交;同时我也担心万一有机会再版找不到原版,我净瞎操心。如今,出乎意外地见到精致的再版,我高兴得无以复加了。

我赶快翻篇查找写有56个水晶晶的长诗般的词语,我从未读过任何古今中外作家连用56个重复的形容词形容自己的故乡。56个水晶晶读下来,读者自己也溶化在水晶晶的景色里了。徐迟的诗情似一团火,他整个人也似一团火,他一旦决定要做什么,就立刻全身心扑上去做,一根筋地去做,龙门吊车也拽不回来。他念大学一年级时,想投笔从戎,就买了军服,步行、舟行、车行想闯出关外,被警察拉下来了。他听说要上三峡大坝了,他立刻诗情澎湃,携妇将雏轻抛城市的文化环境、熟稔的社会关系、默契的业务交流,抬腿跨过黄河,到长江边上插队落户独打单干去了。他一生都在为追求理想而奔跑,总在争第一,只要他想到,就立马当时去做、去做。谁也说不服他,谁也追不上他。全书565万字,记录描述了不仅仅是徐迟个人的文学生涯,而是融合了那一代人,在国际风云变幻中,在中国抗日烽火连天的时代,一代优秀知识分子们的作为,奉献。在艰苦卓绝的外部环境中,他们的向往、苦难、流浪、逃亡、清贫和欢乐。他们艰难而执著地开拓工作,坚持操守,追求光明,在颠沛流离中慷慨悲歌,而无愧于正义与残暴的决定性的角逐。让我们倾听到那个世纪的脉搏,体会到那一代人是多么的不容易,多么的光明磊落。

捧着这本燃烧的书,激情荡漾。我喜爱徐迟狂直的性格,喜爱他瀑布般的诗情,喜爱他火箭般的行程,追踪他是奇异的乐趣和享受。

2007年2月1日

大起来的烦恼

我在家有空就临灵飞经小字帖。学英文打字已过盲打关,想去当秘书。

我在天津时,小学五、六年级,初中一、二年级上的都是广东小学、中学,初三我插班进了耀华中学。上英文课时,老师老叫我起来答题,上黑板写题。老师一喊"黄宗英",全班哄笑。都说老师爱上我了(我的眼睛不斜了),我受不了同学的起哄,不去上学了。

1941年9月开学时,我进了一个新开办的达仁中学,校址在原先的英国兵营内,新学校新班了,人家说:"来了一些野鸡学生,别的学校不要的学生。"我每天下课时,骑上自行车,老受"车匪"阻挠,那个"回头率"可有点吓人。尤其一个姓唐的、一个姓童的,他们老骑到我前边一拐,定车挡我,我只好一脚着地:"对不起,请让让。"一而再、再而三,一次我差点儿撞到唐的车上。我又气又急脸通红,说:"何必这样呢,都是一个班的同学,你们要想送我回家,就规规矩矩送我回家不就得了。"后来每天唐同学送我回家了。又有人在我们两辆自行车前定车了,说:"好个一对儿。"都说我和唐恋爱了,连母亲都听说我跟每天送我回家的唐同学恋爱了,而唐是车匪流氓。我对母亲说:他不是流氓。母亲问:"你是不是爱上他了?"我不语。娘从别人那里知道唐已和未婚少女生下一个孩子,我说什么娘也不准我上学了,这也可算是我的一段早恋吧。幸亏大哥写来了信,半张纸,几行螃蟹体字:

"小妹:我已在上海职业剧团演戏,月工资18元,生活可自理。剧团正是用人之秋,你来总有工作做。大哥"

娘看了,同意我去。我立刻理好一小皮箱衣服用具,自我感觉像简·爱一样上路了。

2007年2月26日

征途的人

　　知名作家的新作出版上架销售,总是会引起人们的注意,知名度就是活广告,吸引人们忙着买一本先睹为快。不知名作者的新出版的作品走向市场,人们不会注意。它们在书店柜台上受到冷遇。所以我强迫自己去介绍介绍它们。

　　姚征人是我在文联的同事,在一个大院子里办公,二三十年了,当然认识,只是君子之交,淡淡如水。近来读了她出版的新书《战火中的琴声》,方刮目相看。

　　她14岁离开上海的家,去投奔新四军,冒充自己16岁,被部队收留当文艺兵,从此过起军旅生涯。练兵练得很苦,小姑娘却觉得十分快乐。抗美援朝时期,部队文工团到了朝鲜前线。军衣单薄在冰天雪地里,他们挺住了。但他们的弦乐器没挺住,小提琴、中提琴、大提琴的琴弦全冻断了,连琴体也裂成木片。晚上他们给人民军慰问演出回来,就睡在一位朝鲜老大妈家里。姚征人一觉醒来,惊喜地发现老大妈屋里有一把完好的小提琴。于是团员们商定要向老大妈买下这提琴。没想到要求一提出来,老大妈和蔼的脸立刻唬起来,紧紧地抱着小提琴说:"这琴我不卖,不卖。"姚征人也吓慌了。

哪知第二天傍晚,文工团要转移阵地时,老大妈抱着琴由懂汉语的人陪来。她述说,这把小提琴是她独生子的挚爱,现在儿子已牺牲在前线。琴是她唯一的念想。昨晚看了你们的演出,知道这琴在你们手里比把它守在我身边有意义,请一定收下。大妈哭了,文工团员也哭了。小提琴手立刻拉起了"道拉吉"(桔梗谣),他们的心融化在一起。姚征人根据这个故事编成活报剧《战地琴声》。她自己演老大妈。每演到赠琴,台上台下哭成一片。姚征人也受到部队褒奖。

部队复员时,姚征人被分配到《上海戏剧丛刊》任编辑。她保持战地文工团的作风,一边工作一边记录下身边发生的人和事。她忠实地记录了越剧演员徐玉兰、王文娟等慰问人民解放军的详细经过;和越剧团在朝鲜战地演出八个月的艰辛、危险、成功的事迹。她写了袁雪芬等几十名越剧名角回故乡嵊县探亲演出的动人情景。写了身残后的尹桂芳回福建对芳华越剧团晚辈的嘱托……她几乎写了部越剧简史。她也写沪剧、锡剧、滑稽剧、昆曲,写名剧名角之精彩唱腔,写各剧种的新生力量。尤其是她的一篇在上海工人文化宫的讲演《戏曲艺术漫谈》,深入浅出地讲了中国戏曲的渊源、分类、流派、发展、技巧……讲得头头是道,都是内行的行话,入木三分,使我十分佩服。仿佛是篇戏曲学院硕士研究生的论文,学戏的年轻人就为这篇讲话,值得一读此书。

此书,是姚征人的第一册处女文集,概括了她一生的经历,凝聚了她全部的心血。她恰如征途上的人,她的工作和学习是一仗一仗打下来的。她虽也已两鬓微霜,犹能征战。我期盼她的新作。

2007 年 3 月 26 日

看戏

午场戏散了,宗江上来告诉我:"黄佐临、吴仞之在台上等你。"我赶忙下楼,从布景片后边走到黄佐临、吴仞之身边。黄一看见我问:"干什么活儿呢?后背都湿透了。"我不好意思地说:"学修眉笔。"黄介绍说:"这是吴仞之老师,他管你的培训,你听他的。"吴老师把他手里的两本笔记本给我,说:"明天早上9点钟,还在这个地方,我们先登记道具,今天晚场你在楼上下场门第二包厢看演出。"噢,我有人管喽!

楼上第二包厢竖着高矮三盏立灯,蒙着红黄蓝玻璃纸,还有一只椅子。我第一次不是作为买票的观众,而是作为剧团人,作为工作在看戏了。我正襟直坐,心里打着鼓。大幕升起了,我立刻融入剧情中。演的是曹禺的爱国正义剧《蜕变》。石挥扮演刚正无私的梁专员,严斐演的丁大夫,我哥演的是苍凉悲酸的老文书况西堂……观众跟着剧情,站起来鼓掌,高呼"打倒日本帝国主义"时,我全身汗毛立正,泪水涌出眼眶,并抽泣起来。自1937年卢沟桥事变,天津沦陷后,我已经有四年听不到喊不着打倒日本帝国主义了。我站起来,跟着观众一起喊,一起鼓掌,站着看到剧终。

我摸到后台,演员们全都带着妆谢完幕,我站到哥身后,哥从镜子里看到我:"咋哭成这模样了?"我又哭起来。哥说:"让我看看,眼都哭肿了,别哭了。"我一直抽抽搭搭拽着大哥一只胳膊走回辣斐德路亭子间。我用漱口杯倒热水,用小手绢捂两眼并擦了脸,疲倦地坐在床上,哥把热水瓶里的水都倒在脚盆里,又拿了个竹筹子去老虎灶灌开水去了。

2007 年 4 月 15 日

怎么舍得你！郁风姐

只知道 4 月 26 日你和苗子哥双人书画展将在北京揭幕，谁想到却猛孤丁地没有了你！像魔术师大变活人，你陡然地消失得无影无踪。几十年从来出双入对，并肩而行的连体人般的你俩，突然落了单，这可怎么行?！怎么舍得你，郁风姐。

因为你从来不说缠身你的病痛，你从来挺身面对世界，童稚般的笑融化着人们的身心，你自己却突然去了冰冷的地方。怎么舍得你，我们的郁风姐。

没有人比你更美丽，更有风度，更有魅力。穿着你自己设计的礼服，你嫣然出现在喜庆的场合，吸引着众人的目光，人间竟有仙女般佳丽，往后再也看不到了。怎么舍得你，我们的郁风姐。

你敏感于他人的困难和痛苦，你总是默默地帮助安慰他人，情深谊重，怎么舍得你，我们的郁风姐。

当我唏哩哗啦写了篇稿，却拿不定主意，发还是不发，就寄给你，你认真地帮我校阅，肯定它，发了它。往后，从今而后，我找谁为我主笔？我怎么没了你，我怎么舍得你，郁风姐。

当亲友们相聚，坦荡胸怀，畅谈国事家事宇宙事，开怀畅笑，愤怒谴责，瞻望前程，你珍珠般的警句滚将出来，至今仿佛听到你的声音，你还在我们中间。我们怎么舍得你，郁风姐。

如果要举行全球非凡才女竞赛，我一定选你，世界上没有人能比你有才情阅历，非凡才女的冠军属于你。我们爱你、敬你，舍不得你。着实舍不得你。

2007年4月18日拂晓

第一课

大哥领着我走进卡尔登剧院后台,边走边跟人介绍:"这是我妹妹。小妹叫哥哥姐姐。"我只听身后陌生的哥哥姐姐说:"嚇,这个儿头。""绿豆芽。""我可不跟她配戏。""孩儿脸。"……化妆间座灯好亮,一面镜子四角四个灯泡。大哥坐下来上油彩粘胡须,他招呼身边一个小姑娘:"小菡,这是我妹妹宗英,也许比你大。"又对我说:"你可以求小菡教你化妆,先从修眉笔学起。"可爱的小菡就端来一盘修好的眉笔,我一看那黑眉笔、棕色眉笔,一只只笔头修得又长又扁,小菡就另选一支黑眉笔给我,还给我一把小刀,很老式的直角刀,她在眉笔上刻了个圆圈,让我大胆先修木头。我拿着小刀很仔细地修,上过九年学,铅笔修了无其数,怎么修起眉笔来抖抖嗦嗦,小菡说:"胆子大些。"小菡示范,拿过我削了一刀小坑的眉笔,她一刀削到眉笔头,又削两下交给我说:"不要怕,就像在学校里削铅笔一样,不过笔头留长些。"我兢兢业业削啊削,好容易削到笔头,断了。我已一身汗。小菡说:"你别紧张,退后两分从头来。"好容易我削出一个留有三分笔头的眉笔,忐忑地问:"下一步怎么把笔头修扁?"小菡拿过我削的笔,修饰两三下,就跟变戏法般把笔头蹭扁了。演员们一个个化好妆了,小菡就用新削的笔换回用秃的笔,让我练手,一边说:"别紧张,别紧张。"唉,我怎么不紧张,两手心的水,这也许就是我未来的职业呢。

2007年6月18日

亏了急性子

　　一大早,我倚在床上,不敢吵醒大哥。只要我两脚一沾地,就站在他熟睡的地铺上了。虽然我迈过来迈过去他已经习惯了,未必醒。不过今天我特别体贴他的辛苦。我只自我庆幸自己也能在一个抗日爱国的剧团工作了,可我又着急地看着两个笔记本。大哥醒了,问我:"不哭啦?"我答:"我笑啦,笑自己居然能在上职剧团工作,可大哥什么是道具啊? 又不是和尚庙、道士观。"我哥哈哈大笑:"难道你以前没看过话剧剧本?""看过呀,看过莎士比亚、果戈里、《雷雨》、《日出》……""那怎不懂什么叫道具? 幕一拉开,台上就是布景、道具;桌椅、床、沙发、小船都是大道具,茶杯、剃刀、香烟、耳环是小道具。反正吴仞之叫你登记什么你就登记什么,字要写清楚。"每晚从剧场回来,我将地席铺好,被褥折放在小铁床上,拉出小桌底下的一只凳子,点亮台灯,先把脚洗好。我开始誊写至午夜2时20分。

2007 年 7 月 6 日

开夜车

当了实习生第二天早上9时起,吴仞之就提溜着我满台转。……双人同行脚踏车一辆,S型双人沙发一座,旧棉被一床、旧褥子一床、六面镜梳妆台一具……吴先生停下来看我写,问:"来得及吗?"

我答:"来得及,来得及。"

其实我只能潦草记下。我想:午休时,我去南京路,有文具店,我去买两个同样的簿子,还有米达尺。

晚上,回到亭子间,我对大哥说:"今晚你上床,我要在小书桌上誊清登记本,这是上职的财产啊。"

哥哥:"吴导让你誊清的?"

"没有。我想我什么也不懂,什么也不会做,就混进剧团。只有事事认真,什么都肯做,就是没经过考试,也是有活干的。即便正式考试时若不及格,也不见得把我刷了。比你写得清楚。"

我把他的换洗内衣袜子扔给他,又说:"不许逼我,什么是效果啊?"

"效果……哈哈哈效果？你考我，效果就是能制作出音响的器物。譬如，筲箩里滚黄豆呈雨声，摇打铁皮可得雷响，两个竹节底相碰可得马蹄声……小妹，幸亏你急性子，看到我的信就来了。若等到剧团招生时再来报名，真未必考得进哩！"

2007 年 7 月 15 日

实习生

　　大道具小道具都登记好了,也把我登记晕了;连一只顶针、一只挖耳勺也得登记。

　　交了誊清得匀匀称称林林总总的登记簿,佐临就给我一本《蜕变》的话剧印刷剧本,说:明天起你就做 Understudy——实习生。每天开戏,你都要看,要熟悉每个女角的台词和地位。在乐池看,在边幕看都随你。

　　吴仞之给我 8 块钱和 10 张澡票,说:"你的实习就从你到团那天算起,每月 15 元,澡票 10 张。浴室霞飞路、南京路都有,你问问同事好啦。"我高兴得不得了,马上寄母亲 5 元钱。我离北平时,娘给我 20 元,生怕大哥一时养不起我吃饭。可我现在可以赚钱了。15÷30＝每天可用 5 角钱。鸡蛋炒饭 2 角一份,一只大饼 3 分钱,油条也 3 分,功德林冬菇面 3 角,夜宵喝酸奶,每瓶 2 角,超支了,不吃就是了,可是夜里饿啊。汪漪告诉我,早上往热水瓶里撂一把米,到老虎灶一冲开水,晚上回来就成粥了。我买了一斤米,售货员奇怪地问我:"一斤?""是一斤。"第二天早上就做实验,晚上回来有热粥吃了,没碗,用杯子吃,配吃久违了的上海小酱瓜,也没筷子,用嘴吮吸,用手拿酱瓜,吃得很开心。不过午夜后起夜,亭子间在一二楼之间,会吵醒人家的,此计不行。我把剩余的米给二楼亭子间小杨,小杨说:"想喝粥,我每晚给你烧。""不行不行,你要么把这点米炒半焦了,我当零食吃。"

我把焖粥的壶很艰难地洗净,把洗壶水从窗口漏斗里冲下去。

我要买碗筷碟勺吗?太复杂了。

2007年7月19日

安息吧,英茵

我喜欢上海,喜欢辣斐德路的宁静,喜欢道旁的梧桐树,惜乎,它已经开始落叶了。

一天,我和大哥在辣斐德路上和英茵走了个碰面。大哥说:"英茵 dear,这是我妹妹。"英茵:"我听说了。"她用一只手摸着我的腮说:"那么年轻,好好演戏。"我脸红心跳:"是,英茵姐。"我从长大,就没被人亲密地摸腮,来上海后也是第一次听到好好演戏,我以为自己是打杂来的。我觉得英茵是我见过的女人中最美的一个,她天生丽质,不着修饰;但衣着得体,有些闲散,有些忧郁,我爱她。

第二次见她,是在辣斐德剧场的院子里,她来了,说:"我来看看大家。"她坐在石阶上,说笑一会儿就走了。

次日,传出英茵在国际饭店自杀。

剧团好多人都哭了,那时(及这时)我都没弄明白英茵自杀的真相。她才 24 岁。

开追悼会时,剧团有人写了歌词、作了曲,分发给剧团团员。我们大家对着歌谱,唱啊唱:"安息吧,英茵。安息吧,英茵。"泪如雨下。

2007 年 8 月 15 日

庆《蜕变》连演二百场

当年《蜕变》公演后,演满了 200 场。中午,剧团在演员吴湄当老板的梅龙镇酒家摆了两桌席,并给每个职演员发 20 元花红(发我 10 元)。我觉得自己好阔气,赶快去买了个热水瓶,5 磅的,天气马上冷了,不要一趟趟去老虎灶买开水,我还狠心买了个枕头,我一直拿冬天衣服当枕头。

剧团头头非常关心团员的福利,西风起,眼看男演员没什么厚衣服,就和一家成衣店商量,集体购买黑皮面毛绒领子的茄克短衣,中间有腰带的,穿起来很帅。男演员一个个生龙活虎起来。这批衣服店里打七折,演员付一半,剧团垫一半,分 6 个月扣清。

我也忙备自己的冬装。我打开小木箱,取出我的猫皮短大衣,黄毛带咖啡点的,是新的,临离津前大姐送给我的。我说:"这皮短大衣是新的,你自己还没穿过。"大姐说:"是猫皮的,适合 teenage girl 穿。你穿合适,我穿和年龄不相配。今年看你拔个子了,就想给你了,正好。""谢谢大姐。"我扭头就跑到娘屋给娘看,娘说:"好看,真好看。"大姐说:"二姐还托我给你买小洗盆、小毛巾送你,说无论条件怎么差,都要注意妇女卫生。我来不及去买,这10元给你,你自己买吧。我也给你10元。"

剧团兴旺,工作顺利,手里又有钱,我真是最阔的穷人、最穷的阔人。蒋天流说她陪我去逛四大公司。

趁一天早上剧团没活动,蒋天流陪我逛公司,我看花了眼,大都是进口货,物品价格与我无缘,我只能欣赏欣赏。

2007年9月10日

第一次登台

我在幕侧看了几天戏,有时在乐台看,熟悉了李德伦、郭元同、郑金銮、陆洪恩、黄贻钧等。

一天佐临对我说:"严俊和梅村双十节结婚,请一个礼拜假,你代梅村上台演'小的'。"这天中午他留下演马科长的严俊、演况西堂的宗江,让我手里拿着剧本,顺了顺戏,问:"记住了吗?"答:"记住了。""别担心,放开了演,就当学校里开同乐会。"

在学校,什么比赛项目,除算术和踢毽子外我都代表班组参加了,我不怵台,演戏是我的强项。我代表学校参加全市中学生演讲比赛,我带着锈铁锅、脱底的开水壶、锈菜刀、锈钉子,端上了台,演讲题目是"废铁救国"。鼓动大家收集废铁,交给学校,集中捐献,让废铁重新铸成子弹,打击敌人。演讲的学生都不弱,只有一位学生讲得很激昂慷慨,突然空白了,同学提词他也听不进,半路下台了。最后评比,我得了第二名,发了一只大长镜框,上边毛笔写着"舌璨群英"。我雇了辆黄包车拉着胜利品回家了。第二天,我把它带到学校,被挂在我们班级的墙上。

我想到半路下台的同学,突然烦躁起来,翻来覆去睡不着。大哥说:"你紧张什么?你是见过世面的,在爸爸的青岛电话局,你也上过台。""那算什么台。"

在我父亲工作的青岛电话局庆祝几周年的同乐会上,演出《秋瑾》,可谓隆重。我饰演秋瑾的小姑子王淑华。我跳着绳出台,然后依在秋瑾身边(彼时我7岁),秋瑾按我一下,我说一句话,再按我,我再说一句话。按了六次,我说完六句话,又跳着绳下台了。这是我演剧的处女作。

第二天,我在幕侧候戏,我被画了一脸皱纹,像猫似的。舞台监督孙浩然站在我身边,剧务递给我一支点着了的香烟,我夹在右手指间,我忽然全身发起抖来,只因我不知道自己什么时候上场,顺戏时总是我已在台上。说时迟那时快,忽地背后被人一拍,把我拍的踉跄上场。我一出场,糟糕!脚灯太亮了,台上谁站在哪儿我看不见,我只见观众席像个大黑洞,我见哑场就嚷嚷起来,马科长就吆喝我,我就冲着声音的方向喝他。几个回合下来,我敏感台上有些乱,我就不管三七二十一把自己的台词全倒出来,有人推我下台,我还非不下台,被人死劲拉下了台。

第二场,我的戏更矫情了,小的抽上了大烟,更为邋遢。我就是找马登科要钱来的。他不给,还打我。我就坐在地上嚎,又被人七手八脚轰了出去。

两场戏演下来,我到化妆室,同事见我就笑:"小妹好大胆子!""小妹嗓门真高!"我愣愣的,什么也听不进。饭店送饭来了,大哥叫我吃饭:"还嘀咕什么,已经应付下来了,亏得台上都是老巨(鬼)。"蛋炒饭都凉了,我还愣着。

佐临来了,说了一句"明天你还上"。及格了吗?我把冷饭扒拉进去,也还觉得饿,打了两场仗啊,胳膊都被别人扭青了。

2007 年 10 月 12 日

我是演员啦

导演又让我再代夜场戏,已是第四次上台了。好像觉得自己有点经验了,我要求别让我拿着香烟,我一时学不会,拿着碍戏。在后台,我先对着亮灯盯视,然后还请孙浩然到时候拍我一把,孙问:"为什么还要我拍一巴掌?"答:"意思是曾有人阻拦我,这就有了踉跄感。"此番上台,看得清清楚楚演员站哪儿了,也看得清大哥对我示意鼓励的目光。我还看清第一排坐了好几位刚认识的姚克、周剑云、李健吾、陈西禾等。对白戏我也接上茬了,最后我撒赖坐在地上蹬脚,把一只鞋蹬掉了,我捡回来就用鞋拍地,被轰下去时一只脚光着,一只手提搂着鞋,我听到台下有掌声。我进戏了,有下意识动作啦。

我下戏后,听说今天上职的头头顾问全来看"绿豆芽"的戏了,都说新来的姑娘才16岁,一口北京腔,声音高得震耳朵,戏很撒得开,看戏还哭。又有人说:"周剑云是为他下一步的电影选主角哩。说女主角出场第一个镜头是在大包厢里看灯,特写要不下于《埃及艳后》里的芭芭拉斯坦威那么美,剧本是师陀写的。"我不声不响卸装,看不出自己怎样会成为美艳的芭芭拉。

不久以后,佐临给了我一个剧本《无望村馆主》,师陀著(以后更名)。写了一群强盗,抢来一少女,少女我演,端木兰心演强盗婆。一出男人戏,就两个女角。化妆师劝我把门牙右边一只微凸的小虎牙敲掉,蓝兰姐介绍我牙医,说不要拔牙,只切下一段再钻上一段。

2007 年 10 月 21 日

《蜕变》被查封

正在我带着梦想和狐疑忙着上新戏时,忽地《蜕变》前台票房小窗口被两条打着红方印的封条封了。大伙全愣了。

在后台,佐临说:"封了《蜕变》是我们的光荣。我们先垫一周《镀金》,然后再上新戏《边城故事》(又名《凤娃》)。"

《镀金》是上职的看家戏,韩非冷面滑稽,天才的喜剧表演令人忍俊不禁,笑声掌声不断,每次演出上座都好。前台门口围着好多人不走。有的人说:"我不退票,我等着重演。"另一位说:"我也不退票,冷不丁封戏,剧团损失太大了。我支持你们。"黄先生带着我们全体演员到大门口表示谢意。观众是我们的衣食父母啊。

2007 年 10 月 29 日

156 号

　　《镀金》上座不错。《边城故事》演出时用名《凤娃》,英子主演,上座不佳,与百业萧条也有关系,可黄佐临还是按原定计划招考演员。应考的人不少,都坐在观众席上,发的卷子都是是非题、选择题。主要要演员自备一个即兴小品,上台演出。惹人眼球的是156号韦伟,她快步走上台,进了自己的家,拿起电话向助手询问股市行情,情绪变化多端,她穿一身淡绿西服,一件三分之一大衣,半高跟鞋,一副经理派头。

　　张媛也来了,也一派大方。我在小学参加市里讲演比赛时,老师领我到她家,为我借一件篷袖套头短毛绒衣。这回她也穿得很帅,像外交官,她们两人都入选了,都是成熟女性。

　　156号就是韦伟。在《小城之春》中演女主角的韦伟。她舞台戏演得也很好。《荒岛英雄》时与丹尼AB制演主角,很闪光。后来,她嫁给简日琳——中华烟草公司的董事长总经理,就很少演戏了,很可惜。2005年,香港,王丹凤在功德林素食饭店宴请黄宗江，有四美作陪：韦伟、李丽华、沈敏，还有王丹凤自己。大哥说，她们个个都风韵依旧，活得挺带劲。

上世纪60年代，我和阿丹住湖南路8号，从后窗口可以看到韦伟的宅院，打开窗户，我们可以大声对话，她叫我去玩。有一天，太阳好，我们又窗口问候，见她的大孩子们都在院子里打羽毛球，我就带着小橘去她家，是从9号弄堂口进去，拐个弯，她已经在门口迎我，带我们走进客厅，从连着的餐厅口，一座很高的冰箱里拿出两瓶橙汁。她说："小简去香港了。"我俩有一搭没一搭地找不着话说，我看小橘喝完橙汁，就告辞了。印象中韦伟嫁的是挺实实在在的现代资本家，她很进戏。祝她幸福吧。

俄而，仿佛没多久，只听得锣鼓声，从宅后传来，人群高呼："打倒反动资本家！""破四旧啰！"我从后窗望去，只见简家院子里草坪上，堆着燃烧的连轴字画、裘皮绸缎衣裳、高跟鞋、红木框湘绣四扇屏……火烧到半夜，我家也不敢开灯，母亲和孩子都摸黑睡下。以后，简家看不到人影了，很久很久以后知道他们回香港去了。

2007年11月11日

谁把霜林醉

"晓来谁把霜林醉,总是离人泪。"——这词句简直似乎专为我写的。我和北京香山红叶,有着前世今生的孽缘。

1980年秋,赵丹在北京医院患癌症已濒危,却还念念不忘催促我和孩子们去香山看红叶,他已连话也说不清,气也喘不匀,还嘱咐:"……红叶……红叶……"我说:"我们会去的,等路上不堵车了去,快快乐乐地去。你放心。"——这是我对孩儿爸的承诺。7月15日他从上海急救送北京医院时就说:"这回可能赶上去香山看红叶了。脚踩在凋落满地的残叶上感觉真让人深思难忘。"平常人看枝头红叶,他却欣赏遍地残枝。

10月10日夜未央,赵丹像一片红叶离开枝头,去了。由于10月8日《人民日报》发表了他的《管得太具体,文艺没希望》的文章,招惹高层的批评。难得的特殊的身后哀荣为他隆重送葬,丧事在复杂的境界中办完。我对身后的三个小的孩子橘、佐、劲说:"咱们去香山散散心,让你爸爸放心吧。把堂弟黄河清也叫着，拍些照片给你爸爸烧去。"

已经11月下旬，上山看红叶的热潮已渐息渐冷。我们换上初冬的旅游装，戴上花格子围巾上山了，有说有笑，还蒙起我眼睛玩捉迷藏。若不是胳膊上还缠着黑纱，谁想到这是些刚刚死了亲人的孀妇和孤儿呢。我对孩子说咱们赶早回程吧，游人是小拨来大拨回，晚些人多会找不到出租车的。有条件坐出租，却不得不挤公共汽车，把游兴都挤掉了。连小劲都20岁了。他们陪着"肥老胖"（"文革"后阿丹给我起的绰号）妈妈玩了半日，小脑子里又想些什么呢？

归途中，有些倦了，坐舒服了闭上眼，眼里还是满山红叶——那是1943年的红叶，我18岁，第一次结婚。我和新郎郭元同（艺名异方）约好，婚后即设法翻过山头，去投奔冀东游击队，去找陶声垂（燕京大学同学，游击队负责人）。

元同的家，就住在香山一棵松。婆婆给了我们一座小三合院，院里的无核红枣已挂果能吃了。元同安顿我跟他母亲弟弟熟稔后，就自己下山办订礼堂、发喜帖等等等等婚事之必需。我就收拾小三合院，除杂草、扫顶篷、擦玻璃、糊上半截窗糊纸，请邻居全合人（有丈夫儿女的福气人）来缝新被，缝四角挂着枣（早）、花生（插花生男又生女）、栗子（立子）的双人大被。

喜期近，待我下山后，方知郭元同已病倒在他舅舅的诊所里，他病得脱了形，说是心脏病。可是请亲友的帖子全已发出，六国饭店礼堂已订好，牧师也请了。郭家决定婚礼照常举行。元同在喜辰理了发、刮了胡子，被搀到礼堂，说完"我愿意"之后，就被扶走了。没有新郎的喜宴照常举行,照样划拳闹酒,我也被灌了几杯二锅头才放回。我们只举行了婚礼并未圆房,舅舅为我在舅妈屋里准备了笔墨纸砚解闷。18天后,郭元同被上帝召往异方彼岸,他归天了。郭家早已准备好寿衣、棺材。灵柩抬往香山公主坟,一路上风吹红叶纷纷坠落在我的灰呢压韭菜白边的孝服上,游人嬉闹如常,真格是人生如叶。不管你是红叶、黄叶、绿叶,终归要落下来的。有谁真是不落叶松呢。

人生如叶,我爱红叶。

我爱红叶盛期夺人的冶艳和逼人的热烈。

我爱凋零期红叶无限的风韵和醉人的诗情。

我爱红叶落地坦荡荡的层层枯枝,踩着它们,它们轻轻应答着,飘散着令人销魂的美妙意境。

2007年11月18日

三见岗哨

1948年。拍摄《丽人行》影片,赵丹饰演曾被日本宪兵队逮捕者。准备时期,他随导演美工师外出采景。在小车经过一座岗哨时,阿丹喊停车。他们跳下汽车,看见一座大门内,大而空的院子里,东北角矗立着一座木制的岗哨,线条简单明晰,岗哨上一个兵荷枪而立。画面空茫,很瘆人。阿丹和美工师说:"就是它吧。打通关系。"

阿丹的爸爸赵子超从南通来看儿子,我说:"阿丹拍外景去了。"他爸说:"到哪儿拍外景?去多少天?"我说:"就在上海郊区。晚上要回来的。"爸说:"我可以去看看他怎么拍电影吗?隔三岔五就没看着过。"我说:"那今天我带您去外景地吧。"

我雇了辆三轮车往西郊方向而去,三轮车夫问:"是去岗楼子吗?"我答:"嗯。"待下了车,大铁栅门关着,我向哨兵说明身份,又指了指胸前电影局的徽章,他开门允许我们进去了。只见赵丹正蓬头土脸被绑着押了出来,赵丹挣扎着。赵丹父亲突然抓着我的胳膊发抖,老泪纵横地问我:"丹在新疆就是这样子……"我:"嘘,小声点。爸这是演戏,您别想远了。"此时,赵丹一个镜头拍完,走过来招呼爸爸。爸爸抚摸着他:"儿啊,你受苦啦。"老人哭泣起来,阿丹也早眼泪汪汪了。我告诉赵丹:"爸爸想起你在新疆被捕。""你干吗带他上这儿来?""我没想到。爸,咱走吧,不要影响阿丹工作。"我搀着阿丹爸爸离开了,告别了岗楼。

"文革"中,赵丹被秘密逮捕。先是关在一个密室里,湿冷的地上,一张带血的席子,只墙高处一扇带铁杆的窗。自始至终,数数有三个月,他不知是什么黑牢。有一天,说转岗了,就用黑布蒙上他的眼睛,押上小车。阿丹被按低了头,从绑着的黑布底下的缝里,他看到是往西走。提篮桥过了,南京路过了,淮海路过了,是虹桥的土路了,到了。把他推出了车子,大栅栏门开了,眼布一摘,一推他,他一步踉跄,抬头,一下子看见木制的岗哨楼子,看见荷枪而立的哨兵。命也运也,一模一样的镜头角度。

三见岗哨,他在这监狱里被关了五年。单间,一个人——是最高级的惩罚。

2007 年 11 月 29 日

伊呀嘿呀呼嘿
——《神迷川藏线》书画册代序

我正摊一病床的校样、画面、笔记本——著名资深出版家董秀玉自北京来我病房探望。我高兴地啃着她给我带的枣窝头,对她喊:"看我和徐凤翔就在这淹在水里的吉普车里坐着。你看见桥栏杆吗?你看到前车溅起的水花水雾吗?你看得出左边是悬崖绝壁,右边是万丈深谷吗?你感觉得到吗?你看不见摄影师,他在领队车的吉普车顶上,大概是趴着拍的,我车后边还有两辆车⋯⋯这部书是北京电视台摄影师黄辉编写的,棒吧,首页题字:

也许一生只有一次,

也许一次影响一生。

棒吧,我当年就在这支队伍里。"

一想起川藏线,什么花甲、古稀,什么七十三八十四、阎王不请自己去,全去他的,伊呀嘿呀呼嘿!

人,怎么活也是一辈子。我没想到当年拍摄纪录片《森林女神》的摄影师黄辉，没摔死、没累死、没吓死的小伙子黄辉，竟在历万险而完成该片之后，自己硬是一次又一次去川藏线。十年啦，可怜巴巴从数着拍的 1 000 多张照片里，选了又选，选出 100 多张，并深情地配以火辣辣的、明白利落的文字，要出书画册啦，伊呀嘿呀呼嘿。

纪录片组最累最危险的活儿是摄影师干的。他扛着 25 公斤的摄像机和电池。顾不上脚底下坑坑洼洼，他必须敏捷地搜索追拍近景、中景、远景、特写，活动的、奔跑的、急驰的对象。等大家归队回帐篷睡下，他还得回放检查白天所拍的一切。明儿个他还得早起，他得备车兼司机。他有驾驶执照和过硬的能耐。

我曾三次进藏。最窝囊（生病）最幸运的一次，也就是黄辉慨叹神迷的第一次。我感受到神迷了的黄辉、死活不顾的黄辉、细致耐心的黄辉。我们曾同饮一股山泉水，曾同在一个大帐篷里歇脚，曾在滚石坡下共乱石……我有幸结识了如此执著要强的忘年之交黄辉。

明知山有虎，偏向虎山行，祝愿黄辉越行越远、越辉煌。

十年，一本《神迷川藏线》，值啦黄辉，伊呀嘿呀呼嘿。

2007 年 12 月 11 日

两本好书
——李林译文集

"梅表姑,我是觉新的孙子,来看您。"我笑了,说:"我在等你哩,我大哥黄宗江打长途电话来,说你要来。说你叫李虎。""不是李虎是李斧,班门弄斧的斧。""如今你是李门弄斧,搞电子工程的搞起编辑来。"我抚摩着他赠我的两本书:《李林译文集》。李林是巴金的三哥李尧林搞翻译时用的笔名。那书的封面是白的,富有时代感的白,是马识途题的书名,但只见清隽的隶书书名,不见马识途的名字,仔细一看,原来题者的名字是凹凸版,看不清,摸得到,匠心独具地保持了书面的整洁典雅。我第一次看到隶书是可以写得如此清隽,文集的集字写成——双佳。我立即想起老霞飞坊巴金家成排的书架,李尧林和巴金住在一起,那是1941年秋。李尧林是我大哥宗江在青岛中学的英语老师,底子打得好,所以大哥的英文语调纯正流利,竟然可以用"苏州英语",在美国舞台上与英若诚合演昆曲《十五贯》里的娄阿鼠,蒙师之恩也。李尧林患肺结核，在上世纪40年代这病还是富贵病，在"国破山河在"沦陷的上海，在通货膨胀粒米贵如珠的辰光，在密友被日本宪兵逮捕的日子里，仅靠巴金的稿酬（巴金一生只靠稿酬生活，他不隶属任何单位），和李林偶尔能得的译作酬金，是不可能到海南岛三亚、青岛崂山去享受阳光和空气，得不到有效的医治和营养可口的肴馔。1945年11月，严冬乍冷，李尧林长逝在虹桥疗养院，他只有42岁，带着燕京大学毕业时授给他的金钥匙去开启天国之门了。

此书得以出版还赖杨苡献出她珍藏的旧作5册。杨苡当年是豆蔻年华的少女，靳以、曹禺、萧乾、毕卓午也都是年轻的帅哥，李尧林的学生周珏良、申泮文、黄宗江都还像高中生，他们朝气勃勃的照片是此书的封底，包裹着年轻的译者的李林。"社会关系是个人性格的总和"，诚然也。李林静静地读书、静静地译著，他没妨碍过谁，也没得罪过谁。他的坟墓——是他四弟巴金亲自设计的：一本大理石刻大书，上面雕刻着他的译作中的一句话："我的心在这里找到了真正的家。""文革"中，李林的"家"也被毁，沦为一片瓦砾场，后来据说又变成一片菜地。

40年过去了，如今，面对文集我们又能到李林"家"里来做客，欣赏他流畅的译笔，把我们带往文学欣赏的乐园。

我初见李林时，才16岁，如果我是18岁，我一定会暗恋上李林的。可亲可爱的李林活在他的亲人、朋友、晚辈和读者的心里。

2007年12月28日

赵丹书画遗作展

赵丹在 1980 年 10 月 8 日在《人民日报》发表《管得太具体，文艺没希望》一文后，受到了批判。

其实那文章是因为阿丹请胡乔木到病房，说有话要向党说。于是胡乔木由贺敬之陪着来到病房，由我代替阿丹说了三个问题：1. 党对文艺不要管得太具体。2. 给领导者以艺术欣赏的自由。领导者观剧听曲尽可喜怒哀乐自由表态；如有重要意见要求按规矩行文下达。3. 支持建立个人风格的创作集体。如此而已。当然没想到招来批判。

人死了，五雷轰顶也不知，偏还有个《赵丹遗作书画展》当年 11 月 23 日在中国美术馆揭幕。我们的记者朋友奇多，但只有一份报发了大拇指大的消息。揭幕当日 9 时开始，我们家属和至亲们 8 时就到了。长须驼背的曹孟浪在我身边，做最后的纸卡校对。没想到文化官员头头们在 8 时 40 分就到了，既然还没有剪彩揭幕，我也没勉强让他们蹿进去看灿烂的电影皇帝的墨宝。在大红绸子球外边,官员跟我说:"今天上午9时部里有会,就在开会前来到这儿,祝展览成功。"我接茬说:"一定会成功。我明白,我不笨,你们冒风险来了,谢谢了。"我心里又气又可怜。当官儿的想了个"到也未到"的办法。阿劲搀着要晕倒的我,我昏头昏脑剪了彩。我挂了电话给中国国家旅游局的刘小妹说:"小妹,拉两车外国游客来参观中国电影皇帝的书画展。有些画是从广西都乐山拉来的。有英国朋友、日本朋友特意送来的,有上海小友的,展览了都要还的。"刘小妹也不傻,她说:"我给你拉4车来,黄阿姨你别伤心。"我坐在主人椅上,拿出电话本,叫阿劲拨电话给能书擅画的朋友"赶快集合到场献艺"。黄永玉在我身边对我说:"这是阿丹的遗作展,这么搞,是不是俗了些。"我泪下:"永玉,谢谢你。××省美协主席,从阿丹一逝世他就抢着帮我主持赵丹书画展,可是昨天他突然离开北京了,他怕什么呢……永玉,俗就俗点吧。不然死人、活人都受不了。"于是许多知名书画家都来了,当场挥毫泼墨好生热闹。我在素衣外加了件红绒背心,化了化妆,办喜事了。确实是阿丹的喜事啊——第二次的生命。我满场跑过来,跑过去,大声笑着。我知道我有些失常了,也不想管住自己。咯咯咯咯……

荣毅仁是我亲自登门请来的。

夏衍有一天不顾腿伤自己来了,默默地从头看到尾。他对我说:"以前只知道阿丹业余画些小画,看了展览,才知道他专业修养很深,丈五丈六的书画也拿得起,很有气派。"

在媒体噪声下,"赵丹遗作书画展"第一天有1 000多人,第二天2 000多人,第三天3 000多人……第六天6 000多人。热热闹闹闭了幕,我谢谢天下知音,谢谢了。

2008年1月4日

回家了,好好过

1980年11月底,我和橘、佐、劲回家了——回到上海新康花园。我一进家,傻了。我的好友薛素珍把我们住的二层小楼,精心而费力地"换了布景"。阿丹的大油画像、照相框都披上黑纱,像前点着一对白蜡烛。床上一律蒙着白床罩。绛红的落地窗帘翻转挂起来,只显晒褪色泛为淡白色,薛素珍抱着我哭了。我没有哭,只擦擦涌出的点滴泪花说:"谢谢你,费那么大心和力。不过,我和孩子们不想在灵堂里过日子。"我点了三根香,和孩子们在阿丹照片前三鞠躬,告诉他:"我们回家了,我们将挂起你的'天下都乐'。咱们家也乐,让你看着我们乐。"

待薛素珍走后,我叫留守的孃孃(保姆)过来,我说:"孃孃,你辛苦了。孃孃,赵先生走了,咱们还得活下去,不能让朋友一进门,觉得凄凄惨惨。先把黑纱都摘下来,再买几只大电灯泡来。樟木箱里有我平时舍不得用的补花床罩;再找些买些花布,我和你一起做一组大大小小的椅垫,艳红雪亮。再买个填充玩具……

反正不能让朋友进来,觉得阿丹死了,家里败了。"孀孀点头:"这就好,这就好。"我站起来梳梳头,说:"走,咱们出门捡些树枝树干来,我回家时,从车里看到绿化队正在锯树枝哩。"我俩捡了好几趟树枝树干,又在弄堂里垃圾箱旁,捡了几片木板,邻居问:"侬回来啦,要生壁炉啦。""嗯,烧壁炉,让日脚过得红红火火。""好格,好格。"

以后,我家门前常见几片木板条,楼下邻居老 Q 夫人董婉珍从他们家的腊梅树上,剪下两大枝腊梅给我送来,满楼清香蕴蕴。

2008 年 1 月 28 日

说说减肥丸

打开报纸,满眼减肥广告;拧开电视,各式各样的减肥广告。上街去,胖子真不少,竟还有胖墩夏令营。

其实,我和赵丹、顾而已在1947年夏天就做过减肥丸买卖了——在电影里。我是从北平被请到上海拍摄《幸福狂想曲》影片,是部轻喜剧片。

我演一个被流氓(张翼饰)霸住的女子,赵丹、顾而已演两个失业青年。我从家里拎着一个写有LUCKY的皮包,去小店买纸烟,被赵丹看见一见钟情。他们两个天天琢磨发财,就"发明"了一种"减肥丸"。只因赵丹见多识广,听说海外市场减肥制品大行其道,他俩赶紧跟上势头。他们挑着挑子在马路牙子上卖减肥丸,一个主顾也没有。一天,马路上走过示威游行队伍,头一排举的标语"我们不是杨妹"。原来,当时国民党大肆宣扬:人是可以不吃饭的。宣传有一个姑娘叫杨妹,粒米不进地活着。还假惺惺闹了一出大检查,检查杨妹确实几十天不吃东西,只喝些水,当众测验。饿着肚子吃六谷粉、观音土的群众,哪个相信呢?!

彼时在国民党政府统治下民不聊生,饿殍遍地。上海也在排队抢购大米,排了好几个钟头,店里挂出牌子：今日米已售完。可叹奈何。有人到农村去贩米,经过边界的铁丝网,上官云珠就亲自去买过了,冒着被枪杀的危险。米荒严重如此,哪里有什么杨妹呢。上海掀起了反饥饿、反内战、争民主的群众运动。

影片中的我与赵丹、顾而已成了朋友。一次流氓派我送一圆盒蛋糕到某宅,我拒绝,他威胁："不去就勒死你。"我走在半路上,蛋糕盒子被人抢了,抢了就逃,点心盒子摔开了,竟是烟土！

我也赶快逃到赵丹、顾而已住的人字窝棚里。我们三人无奈地离开了上海,走向远方。解放前,很多影片的结尾是"走向远方"。

国民党的电影审查官居然没有看出来我们在讽刺政府。笨蛋！

2008 年 3 月 8 日

祖母们

80岁的女作家、编辑彭新祺嘱我3月下旬截稿,她自己"走万里路"到澳门、伶仃岛、海南岛转了一大圈,刚回来,就来我病房取稿。她气也不喘一口就熟练地翻看我给她的一沓打印稿。

她先看目录,问"悼念郁风的《怎么舍得你》为什么不选?"

"我担心自己选多了,太突出了。是六七位女作家的合集啊。100岁的罗洪要从20年代的名篇选起,89岁的欧阳文彬佳作也不少,欧阳翠91岁了,她双目失明,已不太可能再有新作……"

彭打断我:"你不要担心别人,先只管把自己这十几篇都配上照片。"

"……那你可得找我的业务全权代理人姜金城。我让'四人帮'毁灭性抄家抄得一张照片也没有了,是他为我从旧杂志里,从摄影师手里,从朋友的照相簿里找啊找,找了有百十来张了。找他吧。可一放照片我不是更抢戏了吗?"

"你本来就是电影明星出身的作家,别人也各有各的特色。

你就拿不出来欧阳文彬89岁唱秦琼卖马老生的照片!"

  也是也是。在任何制度的社会,能成为社会认可的女作家,都不容易,很不容易。我们六七个出身迥异,经历不同,自有个性的当代女作家,今日的老祖母,把各自亲身经历的生活写出来展现展现,鲜灵活现。其各自八九十年的心血结晶就要呱呱落地了。我思忖着这本书一定挺有看头,挺好玩的。选题的立意就人情味十足。比给我们什么赞誉都珍贵。

2008年3月2日
农历春分凌晨

美丽的青岛

我生在北京,五岁上的京师第一蒙养园大班。大弟四岁,考小班没考上。老师问他:"你在家跟谁玩啊?"大弟:"跟小妹玩。""小妹是你什么人啊?"答:"小妹是我姐。"老师对家长说:"连大小都分不清,在家再玩一年吧。"其实大弟是冤枉的,全家人都叫我小妹,他才也叫我小妹的。

1932年,我七岁。爸爸因公调青岛电话局任总工程师。除了大姐在天津南开大学不动,二姐在济南齐鲁大学不搬,全家——母亲、大哥、二哥、我、大弟、小弟,厨子王师傅、小脚李妈、老张妈都去青岛。小孩子们不操心,很喜欢大搬家,到没去过的新地方。

到了青岛,住在龙口路2号的二层楼上,楼下没有人家。院子很大,分前院、宅院。前院很空旷,隔壁的赵淇市长,借地方摆了百多盆一色的黄菊花,颇为壮观。爸爸买来了大狼狗大利、小狼狗吉利,还给它们盖了间板屋。全白小波斯猫则住在二楼备餐室垫着花布垫的篮子里。

　　宅院铺了石子路直到二门,二门外就都是土路了,汽车可以开到二门外。我们在里院沿石子路在西墙根种了些花生、蜀葵、向日葵、野菊花、早开花等易生不需伺候的花。大院原有一株丁香、一个葡萄架,榆树、杨树粗长着,够我们玩的了。我喜欢看蚂蚁打架,褐色大黄蚂蚁打不过小黑蚂蚁。也喜欢看蜗牛上墙,"蜗牛,蜗牛,先出犄角后出头。"葡萄架下有石桌和石凳,是我喜欢读书做功课的地方。

　　二楼有客厅饭厅和三个卧室两个仆室两卫一厨。客厅里已有一堂沙发,是从北京搬来的。怎么运来的我不知道,我只知道在码头上我娘让我看牢十件大行李。这对七岁的孩子是个重任。幸亏红马甲搬运夫叫来一辆中型卡车,把十件行李搬上去。我多想坐在行李车上,可是人货不能混装,我们只得又叫了两辆小车,一路行来,自我感觉在视察青岛。

　　我喜欢青岛,先不说那碧海蓝天金沙滩;城市街道也很规矩整洁。大人告诉我,在第一次世界大战前,青岛是德国的殖民地。一战时,青岛是亚洲唯一的战场。日、德等对青岛要塞展开过白热化的争战……

　　唉,怎么我喜欢的城市偏偏是列强蹂躏过的地方啊。

2008 年 4 月 2 日

油炒面

　　大哥二哥住校，每星期六回家。王师傅就做他们爱吃的菜，让他们吃个盆光碗净，仿佛一个礼拜没吃好，全补回来了。王师傅还为他们炒油炒面，带到学校冲着喝、白口吃都行。我喜欢在厨房里帮着慢慢翻腾油炒面，里边还搁一点儿黑芝麻、一点儿核桃仁渣、一点儿花生米屑和几勺白糖，看着面粉慢慢变黄了，冒香味儿了。我就一边炒，一边用铁勺舀一点儿，往磁勺里倒，我试尝。

　　油炒面炒得黄腾腾，我也尝饱了。我很想快点儿上中学、寄宿，带上油炒面——哥哥叫它"克苏"粉，不知典出何处。

2008年5月23日

大侠黄枫

手机响,我接听:喂,你是谁啊?

我是哈尔滨的。

哈尔滨!?贵姓?

我姓黄,跟你一个姓,是黄世仁后代。

黄团长!!!

叫我黄枫。

好想你啊,黄枫兄弟。

黄枫,在东北,在全国,在曲艺界无人不晓。他曾是黑龙江曲艺团团长。是最受观众欢迎的山东快书艺术家,师从高元钧,青出于蓝,更胜于蓝。他磕打着两片小铜片(鸳鸯板),在石油城、在矿山、在边疆、在田头、在车间……他的表演引起人们爆炸般的掌声、笑声、热泪和赞叹。

黄枫:1932年生。七十多岁离休不离艺。他倡导组织了一个"十老"促和谐演出队,聚集一拨德艺双馨的名家,不计报酬地深入民族地区、各大专院校、中小工厂、田间地头去义演。他们的队伍走到哪里,把新风与和谐撒播到哪里。

我是怎么认识黄枫的?

据他说,他是先认识我的在黑龙江插队的女儿赵桔的。我说,他对我是从天上掉下来的。

有的往事,像惊险影片的片段。

"文革"中,1973年吧,承周恩来总理的关怀,我得能从牛棚中,回到天津宝坻县邢燕子、侯隽当中。我以为我解放了,我自由了。在麦场上,听下乡劳动的中学生说:哈尔滨正举行"全国青年赛诗会",我就想去听听看看。侯隽让壮实的农民教师张俊峰陪伴我就去了,好在我身上揣着上海作家协会(已砸烂)的空白介绍信,就乘火车硬座去哈尔滨会场报到了。先去会见了结合的宣传部老部长延泽民。之后,就像我惯常做的,去拜访了老诗人严翔、小说《九重浪》的新作家夫妇、演话剧时的旧友梅真。当我在招待所阅读赛诗会资料时,突然,有几位官员闯进来。我起立迎接。他们中有一人手持一份文件,说:"黄宗英你听着。"他厉声按文件宣布我犯有六大罪状。"第一条:黄宗英是叛徒、反革命分子赵丹的老婆。第二条:黄宗英是'四条汉子'夏衍的干女儿(没影儿的事)。第三条:打着红旗反红旗炮制大毒草毒害青年。第四条:在哈尔滨进行反革命串联……经革委会决定立即驱逐出境。"官员走了。我立马当时觉得自己是到了外国。愣着、手足无措,不知咋办。下雨啦,闪电了。此时此刻,黄枫出现了。

"别当回事儿,黄大姐。我带你出去逛逛,散散心。"他让我和张俊峰上了小车,他兴致勃勃向我介绍市容,还带我去看竹编画展览会。出来时,司机交给他两张飞机票。黄枫对我说:"明天一大早,我送你上飞机。今晚我给你饯行。"便宴时,他亲切地和我谈赵丹,他劝我把心放宽,什么倒霉事都会过去。我差点儿掉泪。我老觉得下一个镜头,是我被逮捕;押解出境。

第二天,天气晴朗,朝霞满天,黄枫送我到机场,看我上了飞机,看到飞机起飞。他放心了,我也放心了。

在危难中邂逅的友情是终身不忘的。

2008年6月17日

理囚衣

我真想把这一部分记忆永远抹去,像抹掉一盘磁带,但它们却总是自动地重复播放……

起北风了。我们正回小牛棚吃中饭,我把装在铁饭盒里的昨天的冷饭,用热水瓶开水泡了两遍;滗干,配着攥出的剩菜吃。自关回小牛棚以来,我(们)大都吃自带冷饭,为了躲人不愿去食堂排队,再说也省点钱,正埋头吃着,猛然,门被推开了。还好,进来的是"看牛"的老工人小胖(尹进才)。小胖操着苏北口音:"黄宗英,你也不要心急。赵丹去吃'人民食堂'了!你跟小把戏……"

"人民食堂"?我还没明白是怎么回事,后边又闯进两个造反派:"黄宗英出来!走!!"

我放下棉衣,默默走出"牛棚";我以为又要提审或批斗。

"你回家去!"造反派一前一后地押着我。大白天让我回家——这可比提审、批斗吓人。家里出了什么事?又抄家了吗?早已经没什么可抄了。小孩子又被当"狗崽子"揍了吗?大孩子早转移了,呀……天地之大,我还能把小的藏到哪儿去?阿丹……他不会……?昨天大清早,我刚代他向"红旗电影厂造反兵团"送去了病假条——前天,一个青年演员尖子(外单位的造反派),戴着藏暗器的手套,狠狠地朝他的脸上、眼睛上捶打,吼着:"叫你还演戏!叫你还放毒!!"血直流下来……当阿丹去徐汇地区的联合诊所就诊后,那位在解放前就给我们免费治过病的周医生,低着头,手抖抖地开了病假单:"左瞳孔破裂"。此刻,他应该卧床,应该治疗,应该抢救他的眼睛,不然他…… 家里意外的静,白发苍苍的老保姆探了个头,被申斥回去了。这位从小卖苦力的劳动妇女,只因为和我们划不清界线,被骂作"地主婆"、"老勿死",整天提心吊胆。

"黄宗英,你放明白点!赵丹罪恶滔天,我们已经对他进一步采取革命措施啦!公检法把他铐走啦!现在你给他收拾铺盖!"

一刹那,我的脑子断电,我想不到"无产阶级专政机关"会和我的家庭发生这样的关系!

我旋又异常冷静,冷静得使自己也感到奇怪。

我迅速地找出绳子、被单、棉被、棉衣、棉裤、毛衣、毛裤、棉毛衫裤、毛袜——一切可以御寒的衣物——我把它们一层层、一件件铺在地板上。两个造反派,一个墙角站一个,叉着腰,催促着。我的手、胳膊、脚、膝盖同时动作,麻利、有劲地捆紧行李卷,连大气也不喘,仿佛我响应党的号召,多年上山下乡,就为的"演"好今天这场戏。

当我瞥见床头的眼药水、药棉、纱布时,造反派已经两人拖着个行李,"噔、噔"地下楼了。一团白头发、两小团黑头发,无声地向我靠拢来,我们的小男孩才只六岁和九岁。从此,五年零三个月,他们没有见到爸爸。

　　以后,当我在电影厂打扫卫生时,我瞥见阿丹和我经常看的业务书上,都写上了"139"的号码(只有名贵的画册上没写号码。这,我倒明白,写上,就不值钱了)。以后,写有139号码的书在"破旧文化"的造反派手里流传着,四散了。我一直想不到,139就是赵丹作为被专政的单人牢房里犯人的代号。我的觉悟实在太低了。

2008年7月15日

同一轮月亮

上个世纪50年代初,上海电影厂演员剧团集合,说是去慰问镇守松江的中国人民解放军。

一直身居上海大都市的演员们,觉得松江好远好远。有篷布的大卡车载着我们,迎着车尾相连的蓬蓬黄土,一阵阵的呕吐声,有的蹲在车上,有的非把车篷捅穿把脑袋孤零零地伸出去,摇啊摇,好不容易说是"营地在望!"好啦好啦。

彭政委叉着两腿站在军营前,卡车一停,彭政委"啪"的打个立正,行军礼:"欢迎同志们到部队!久违了,久违了,好想你们噢。"我也闹不清谁和政委久违,政委好想谁,就跟着稀里糊涂地进了整齐的营房。一溜儿脸盆架、新毛巾、新肥皂、冒气的洗脸水,一杯一杯漱口水,小兵拉子先是对着我们一身土很技巧地拍打,又一鼓作气"强迫"我们一个个都连头发带脖子、鼻孔、耳朵眼洗个干干净净,吐净一嘴沙土。迷迷糊糊(说我自己,我还在晕车)就进了欢迎宴会厅。只见大碗酒、大盘菜、大盆松江发亮的大米饭,我没别的印象,我只悄悄向小战士讨点儿咸菜,我什么也没言声,敬酒开始了。天啊!一个团、一个营、一个连、一个排、一个班,外加上士、中士、下士、炊事员、伙夫,轮番来敬酒。我虽佯说自己有心脏病只能抿一口,但也抿了有半瓶醉白池的莲花白吧。然后只记得睡在整洁的通铺上,然后只记得睁开眼时,天已傍黑了。晚饭,是谁也吃不下呢,还是部队有规矩提供稀粥呢?我总算美美地喝上一碗玉米糊糊,配切得丝般的咸菜疙瘩,顺了顺肠子。

晚上,月光下,坐在长凳上,听彭柏山政委讲"战争与文学"。他在月亮地里、煤气灯下,踱来踱去,讲了许许多多战斗故事,给我印象最深的是:他讲不同的时间、地点、年龄、境遇、人物关系,望同一轮月亮的不同的感受。我随着彭政委的一忽儿顾长、一忽儿高大、一忽儿细成一条线、一忽儿如大鹏遮日般的身影听得入迷了,早就忘了瞌睡,我想这可是个儒将啊。军中多儒将,制敌必胜,治国必兴啊。这一晚,我在大通铺上睡了美美一觉。

第二天,我们给战士们表演了些小节目。受到欢迎,接着我们慰问团团长黄源同志致谢词,领着我们喊口号。用他那浙江官腔,热烈地:"同志们,我们要写你们!"他一举拳头,我们群应之:"我们要写你们!"又:"我们要唱你们!"众呼:"我们要唱你们!"黄源又跳起来举手:"我们要挖你们!"众愕然,黄源忙解释:"挖你们,挖画的挖,挖你们。"众一阵乱应:"我们要挖……哈哈哈哈。"一阵哄笑鼓掌,皆大欢喜。以后见到同来的美术家顾炳鑫他们,我们总挖苦他们:"挖了多少英雄?"

是偶然，我认识了彭柏山的女儿小莲。小莲和我女儿同年同岁同班级。明朗清灵的小莲长大起来干了电影导演。一次，我在上影厂，听说2号棚彭小莲在导戏，我看棚前红灯没开着，就推开门拉开天幕往里看去，只见一帮五大三粗的工人们在换布景，导演呢，只见在一架中型人字梯上坐着大大咧咧的彭小莲，居高临下地在张罗着，我猛地觉得真乃将门虎女。可彭柏山怎样了呢？反胡风是怎么回事？彭柏山怎么成了胡风分子了呢？我也不敢看小莲写她父母的回忆录，偷偷看着看着我就哭，就赶快藏到自己找不到的地方去。我不愿意在生活中老为过去哭、泣、哀、伤，好在城市里不太容易看到月亮。有时候，我老迷幻地看到月下顾长的身影……庞大的身影……

2008年8月16日

我想她
——李玉茹

晚上。睡不着。一阖眼,就见一双会说话的大眼睛一眨一眨——我思念李玉茹了。想她。我们曾住同一座医院。我不是想她樱桃坐果了,她送我一把艳红的樱桃;枇杷熟透了,她送我一捧大红袍;荔枝上市了,她送来一枝丰硕的妃子笑。是想一个甲子以前的事儿。

那年,我十三,她十二。我属牛,她属虎。在天津绿牌电车道劝业场门口,见一串戏校的女生,一个个童花头,裹在蓬松胖胖的棉袄里,两脚踩在两片瓦的棉窝里,噼噼啪啪像一串小海豚拱向场里。

李玉茹,满族。仿佛天生该唱戏。小时候,家里穷,隔壁住着唱老生的李盛藻,一到邻居喊嗓子的时候,她就把小耳朵贴在墙上听,就听得会唱:八月十五月光明……母亲看她那么馋戏,就带她到天桥地摊不花钱看戏,教她溜进剧场站着看戏。八岁时,正赶上中华戏曲专科学校招考,这是一座有庚子赔款基金支持的学校,为严格有效培养京剧人才,不收学费、管吃住、管四季衣服。玉茹怂恿着爸爸妈妈姥姥去报了名。有几百人报考,只取 30 名,考取了,还有三个月的试学;吃不了苦,条件不适合,退学。李玉茹还真考取了。签了八年的"生、病、伤、逃概不负责"的契约入了校,家里人哭天抹泪地把她送进学校,她却欢天喜地躺在小床被窝里笑醒了。

戏校的校长是焦菊隐,金仲荪、程砚秋是校董中唯一的京剧内行。学校文化课、业务课师资力量雄厚。来校教学的有程砚秋、荀慧生;在家教学有王瑶卿、杨小楼、尚和玉。

李玉茹被分在青衣班,后来金校长看她眼大有神改学花旦。学校教学极严格,早上五点多钟就要起来练毯子功:拿顶、劈叉、耗腿、下腰……做不好,要挨鞭子抽。不但京剧的四功五法要学到家,普通学校的国语历史地理外文也都上。中饭后要到戏院给戏班子跑龙套。生活煞是紧张快活。有一次,李玉茹跑宫女,站着就睡着了,娘娘叫着她,她也不动,旁边的另一宫女推了她,她醒过来接不上茬,观众看出来了,给她叫了倒好(鼓掌)。回学校后,被罚跪了。以后,台上再也不敢走神了。

学校还注重学生观摩好角的演出。给学生买戏票,用大校车送学生去看戏,程砚秋每回唱戏,都给戏校留两个二楼边厢的票。

李玉茹是最用功的学生,从长安剧场要走到沙滩,她就练跑圆场。洗脸、穿衣、去食堂,都默背戏词,她还学了昆曲和刀马旦。在跑龙套时,正旦唱,她心里跟着唱,她把每个旦角的戏腔身段都学到手,有谁误场或有病,她都能把戏衣缝上一截顶着上,观众还能接受,还叫好,渐渐就练出来了。

戏校重实践。给学生排折子戏和整出的戏。舍得置行头,买头面、彩排,演日场,卖便宜票,三角二角一张票。渐渐地社会上承认戏校有"四块玉"——侯玉兰、白玉薇、李玉芝、李玉茹了。一串小海豚渐渐变成一行窈窕淑女了。

李玉茹一毕业,就挑班出演了。也搭过马连良、周信芳的班,并与李少春、叶盛章、袁世海等人合作,她觉得毕了业,戏还学得太少,就又拜师小翠花、梅兰芳、荀慧生、芙蓉草精心学艺,采各家之长。1953年她参加了华东戏曲研究院实验剧团,后又在上海京剧院工作。李玉茹在观众眼里一直是闪闪发光的一块玉。她演了千场百场戏,每场她都鲜灵灵的——讲究个"上场常带三分生"。像"拾玉镯"她都数得过来她喂了多少只大黑鸡。

她是个"学痴",除了宇航员她什么都想学。55岁学游泳,能仰泳1000米。60多岁学写小说,居然写出一本市井通俗小说《小女人》来,出了两版,还被人家改成电视连续剧播放。70多岁,学会了使用电脑,可开心啦。又写了本《李玉茹谈戏说艺》,引来内外行关注。她从普通病房转到重症监护室,我溜进去探视她。她刚剪了小分头,利利爽爽,就像一位大学生。两眼一眨一眨,她说她要学写论文,有很多戏剧理论要说,肚子里已打好提纲了。她笑得很甜蜜。一点儿也看不出她会告别人间。噫兮,美哉玉茹。可爱的李玉茹永生。

2008年8月31日

牛裁缝

"文革"中,各单位各有牛棚,演义着不同的闹剧。

一天,我被造反派叫去,我想不知又要批斗什么天上掉下来的题目了。他们问:"你家有缝纫机?"答:"有。"我想缝纫机又不是"四旧",难道搬走我家钢琴还要搬缝纫机?造反派问:"那你很会做生活(做活计)了?"答:"不大会做,我只给孩子补补裤子。"这是实话。我只在男孩子的屁股和膝盖上转圈圈,或把裤腿接接长。

造反派说:"这件守夜的棉大衣,你拆洗了,重新做好。"说着塞给我一件棉大衣、两只轴线。

回到上海东方红电影厂的集体"日托牛棚",我抱着棉大衣愣在那里。牛友们问我:"怎么啦?让你守夜吗?"

"不是,让我把棉大衣拆洗翻做,我从来没做过棉衣。"

编剧羽山说:"我教你做,延安大生产时我做过。"

"电影皇帝"金焰说:"我帮你做好、做灵光。"金焰特会干活,他织的毛线没哪个女演员能比得过。

我默默地拆着工作服,有的地方连棉花都掉下来了。

回家路上,我在徐家汇小杂货店里,用8分钱买了一小包藏青色的染料。到了家,我把拆洗物放在肥皂粉水里揉了揉,刷净后拧拧干。我找了口旧锅,孃孃问我要做啥,我说:"染破大衣面子。"她说:"那我把锅里去去锈。"她弄翻一个花盆,用沙土把锅蹭了半晌,又用水把锅洗净,然后她就抢过我的活计帮我染工作服面了。我说:"造反派要我做的,你做了,要批判我的。"她递给我一双旧筷:"那你翻衣服面吧,要染匀。"

染好了,还是孃孃下手拎出来。她又加点水,把阿劲的破裤子也染了染。待次日染物干了,我插上电熨斗把大衣面子熨平,带到牛棚,由羽山、金焰教我按工序起针,踏起缝纫机,到絮棉花时可麻烦了。棉花已没有絮,彼此挂不住,羽山和金焰给我出主意,关键部位要踩出竖道道来。完成后,我穿起来给牛友们看,大家都说:"崭格!"教练羽山、金焰说:"我们总算带出个牛裁缝了。"

我把这"新"的工作服往造反派办公室一送,他们没说话。

过了两天,又送来三件破旧棉工作服。呀,我找事!

做到第五件工作服时,我听到两位女工说:"还有一件领头破了,也拿来。赶到她们落实政策了,没人做了。"我真想跟两位女工说:"落实政策了,我也为你们做,添点新棉花给你们做。"

一天早上,两位老师傅扛着两匹白布进来,往中间桌子上一堆,说:"喏,侬有重生活做了。"我们问:"做啥?"他们答:"做天幕。""做天幕?!"每一座摄影棚里都有背景天幕,它们就像摄影棚的内胆,没边没沿,除接缝处,进出要支出个"门"来。天幕随着剧情的需要更换画着不同的背景:或阴云密布,或高楼大厦,或沙漠无垠,或密林重重。自己也拍了好几部影片,在天幕里钻来钻去,却从来没想过天幕是怎么制作出来的。

师傅说:"横里2尺8的龙头布没的卖,只买到2尺4的,布织得还密实,算了算面积起码要拼28幅。"

"横拼28幅,我们小牛棚里施展不开。"

"3号棚空着,搬几架缝纫机去。"

"要机给机,要人给人。反正厂里机器和人都空着,日日坐着瞎三话四。"

于是,小牛棚整体移兵3号摄影棚。先分工把棚里地板扫净,用湿墩布擦罢,又用干墩布擦,进门处放了擦鞋底的地垫。朱莎和我在棚中心先上机,我们俩踏得快。我先做最容易的——拼中缝,把两匹布拼起来。拼了一丈多,就pass给朱莎。她把拼缝排平,拿过一个花边球。那布质镂空精绣的花边,是买的没人要的处理品,真好看,真可惜呀。我拉了拉,够结实,本来是给内衣内裤镶边用的,却贬为垫布,实在作孽。朱莎踏一道花边,就应pass给下边的人踏花边的另一边,调蒋天流接应。我已停工待料,就觉悟到我右边还可以架一机器,请王丹凤上马拼第三第四块布,我接她踏第一道花边,如此循环不已。我们踏得痛快,却忙坏了拉布递布的"公牛",一部机器需要起码两个人拉布递布还忙不过来。呦,我写着都晕,两天半下来,摄影棚里像斜着拉开了一行雪堆。雪堆里已看不出踏机人,只有几个送布的人头在攒动,形成了一幅很美丽很奇特的雪景。

如果不是惩罚性劳动,多好!完工之时,我们给自己鼓了掌。我们才不在意批我们忘乎所以。

可是,当我这个"牛裁缝"卖力地缝啊、踏啊,正此时,赵丹被捕入狱了……

2008年9月8日

我演梅表姐

我因病住医院有一年多了,换了好几茬同屋。每逢同屋的亲友来探视她,她都要介绍我说:"这就是当年的梅表姐。"

我说:"是上辈子的事了。"

那么,就此说说上辈子的事吧。

是1956年,上海电影厂陈西禾、叶明联合导演,要将巴金的小说《家》搬上银幕。叶明来找我演梅。我说:"不行,梅住高家时只15岁;死时,也不超过20岁。所以才显示封建害人之惨。我1925年生,已经31岁了,太老了。"

叶明说:"我们这次统一找老班子。由孙道临演大表哥,张瑞芳演瑞珏,你来演梅,不是很恰当吗?"经不住导演劝说,我答应试试。

查找当年的创作笔记片段:

我找到的角色种子——珍珠

我找到的习惯动作——微笑

试妆时,我建议在高家时,梳双髻。

我把眉毛、眼线、唇线都画成圆圆的,把左颊的笑涡点深,一副有福气的调皮姑娘形象;而不是像以前有人演梅,先画一双倒眉,一脸苦命相。我要演一个微笑的梅。

电影,主要由导演摆布。当时,电影拍成后,原著者、演员都不满意。巴金和陈西禾闹得伤了友谊。没想到从20世纪到21世纪,影片《家》1956年版,竟成了跨世纪优秀经典影片,时不时可看到电视里重播,盒带也卖得不错。

回头说当年,我们电影家憋得慌,大家划原班子演曹禺的话剧《家》,请赵丹导演。

话剧里,梅是在战乱中出场的,前边垫有高家兄弟们传说梅表姐回到蓉城的悬念。在"姨奶奶和梅小姐来了"的招呼声中,梅出现在台右侧门口正对着观众。一身淡灰的上衣黑裙,披一袭白的长绸围巾。我在门口站定。环视室内,扯围巾,笑说:"大表哥,大表嫂,你们好。"微笑中半边围巾坠落。幕落。围巾代我体现了梅心中的悸动。

我微笑的根据:知道大表哥和瑞珏婚姻幸福,我只能为大表哥高兴。自己虽然伤心,却不能让高家人察觉。如果一副苦脸来高家,岂不破坏人家的幸福;是道德问题,必须强颜欢笑。

最后,我告别时,还是微笑着说:"大表哥大表嫂我走啦,你们保重。"我披丝巾,转身,把半边丝巾丢往背后,让丝巾替梅说:"永别了。"看得出肩膀一耸,我已经在抽泣了。我想象自己上了轿子一起"轿"了,离开了,永远离开了,我哭出声来,抽泣着,我已经走到后台的灯光控制板前;舞台上灯转暗、台上台下一片黑暗,有人搀着我,上台阶,往后台走,劝我说:"已经下台了,还哭。"我泣曰:"不哭出来,我要憋死的。"

直到我重新坐在化妆台前,我对着镜子,默默拭去泪水,默默卸妆、拆头饰;又默默为自己修饰为自然妆,换上潇洒的便装,候到全剧完,和大家一起上台谢幕,虔诚微笑谢幕。

我一直遵守"带戏上场,带戏下场"的行规。哪怕只有我一点点戏,我也珍惜在台上的一分一秒,以对得起观众。

2008 年 9 月 23 日草,24 日上午誊清

谢天涯海角知音

我又见到好朋友余之了,怎么会有30年不见了呢?他还年轻,心里有诗的人,永远年轻。他的新作《岁月留情》写得真好,文笔流利、词量丰富、知识渊博,感情诚挚。

他在《文汇报》工作,我们是见面熟的朋友,可以谈知心话的。1978年,我对他说:"你能不能跟你的领导谈谈,给我一张'文汇报特约记者证',并给我报销写报告文学的旅费。你试试看。"那时候,我50岁出头,经过要求自我改造的下乡劳动和浩劫中的强迫劳动,我身子骨不错。我想趁还跑得动,就跑得远远的,至于上海嘛,是窝边草,老来再说。那时候,从上海到北京的一张软卧票是96元,我的工资是230元,不算低。可我要去的是边疆啊。余之果然给我办妥了记者证和路费报销。让我想上哪儿就去哪儿,从此我出差都只坐硬卧了。契诃夫说:作家要坐三等车。很有道理,我是尽力找机会多接触普通劳动者。到了外省,我不去拜访省委,而是自己找个普通招待所住下,没浴室,天热,男旅客都穿着短裤衩在院子里水龙头下冲澡;我只好冲进短裤衩阵接一脸盆冷水,回屋从头到脚洗个遍。上路歇脚时,我渴了,就买两个甜瓜洗洗,两瓜一磕碰开来,啃了,又解渴也解饿更解馋。我所以能写成个报告文学家,和我对生活的适应能力强很有关系。

那时候,记者证可管用啦,火车票紧张,记者证不用排队。记者证也避免我自己变成被采访对象。我对《文汇报》铭心感激。

我写深入西藏的女生态学家徐凤翔的《小木屋》是首发在《文汇报》上的,余之是责任编辑。我的《小木屋》获得了当年的优秀报告文学奖;余之获得了优秀编辑奖。

我请好友鄂力为我刻了个闲章:云中是我家。我跑遍了大半个中国,直到我近70岁时,拍摄《森林女神》,第三次入藏,患全方位高原反应,昏迷二日醒后,又坚持到与摄制组同时撤出西藏。我明白,我从此被高山开除了。我赶忙和南海油田联系,并买了一些有关海洋的书,想接替徐迟未了心愿——写大海。

没想到我患了脑栓塞,并又患了脊椎骨折,从此窝在华东医院,坐在轮椅上。我84岁了窝边草也吃不着了。只在膝盖上垫个塑料板,写写随笔《百衲衣》了。

明天要动个手术,写此文只为:谢天涯海角知音。

书于重阳

2008年11月重阳节

不演陈白露，要演翠喜

对一位妇女，最残忍的，是剥夺她做母亲的权利。

我看过一个外国短篇小说。写一个妓女，每次从外边拉了嫖客回家，只要她开门的钥匙响了起来，屋里她的7岁的儿子，就会敏捷地躲进衣橱里蹲下来。

正当他俩疯狂时刻，咕咙通！儿子从衣橱里滚了出来。是儿子睡着了。嫖客很生气，不肯付钱，忿忿走了。

母亲搂着儿子在被窝里睡去。儿子对母亲说："是我不好，我下回再也不睡着了。"母亲嘤嘤地哭了起来。

这篇小说是我几十年前看的，如今还扎肝刺肺。

我在后台讲给同行们听，他们也都挺伤感。

我们在闲聊时，大家说《日出》搬上银幕，说我演陈白露挺合适：沦落风尘，还依稀保留些许大学生风度。

我说：我不演陈白露，我要演翠喜。

问：为什么？

我说：曹禺写翠喜注入深深同情。他在附记里写道：如果有一天我有这荣幸，遇见一位有演技天才，有真切同情心的人来扮演她，我预先对她致无限的敬意。

我渴望在影片里演翠喜，她的角色种子是母亲。在电影中可以插两组短镜头并与第二幕打夯号子呼应的画外音补充。

(1) 组镜头：

当黑三奉流氓头子金八的命令，到妓院来找他看中的小东西。

黑三盯着逃走了的小东西：过来，你跟我到这屋里来，走！翠喜抱住小东西：黑三，你别打她！这不怨她，别打她！

黑三一手推倒翠喜：你他妈的去你个妹子吧，走！黑三拉着小东西进隔壁屋，把门关上，里面响起了鞭子抽打声。

翠喜慌急，乱打着门：开门，开门，你要吓着我的孩子，我的儿……婴儿哭了起来。

翠喜不顾一切地喊着：开门！开门！黑三！宝贝，你别怕，妈妈来啦。小东西开始嚎叫，婴儿也哭得更厉害了。

翠喜疯狂地：你开门！乱打着门：你开门黑三，你再不开，我喊警察了。

跑堂上：黑三，外边有人找你。黑三开了门，提着鞭子出来，一脸的汗。

翠喜立刻跑进房里：妈妈来啦！屋里一片喘声和抽噎声。

翠喜忙抱起褴褛，解开大襟，给哭累了的婴儿喂奶。

翠喜因为哭喊，把脸上的脂粉全抹掉了，她蓬松着头发，倚墙无力地坐在地上喂奶,她睡着了。这情景恰像世界著名美术名作——圣母在马棚中抱着圣婴。

画面外,轻轻响起了无字的圣歌:阿利路亚,阿利路亚……

(2)组镜头:

幕外:翠喜的声音:你打吧,你打吧,你今天要不打死我,你不是人养的。

台上。小东西:这是谁?

小顺子:是翠喜的男人打她哩,翠喜也是苦命,她男人瘸了,她婆婆瘫在床上,就靠翠喜一个人弄来几个钱养活一大家子人,还老挨打。

翠喜哭哭啼啼进门,自言自语:我跟你回去,今天就跟你回去!回去咱们就散,这日子还有什么过头?她走进小屋,披一件旧棉袄,抱襁褓上。抽泣着。

翠喜:你今天一个人在我床上睡吧,省得我挤你,多盖点儿……别冻着。明天再说明天的。小东西哽咽:明……天……小东西抱着翠喜大哭起来。翠喜:妹子,别哭,我明天一大早来看你。

翠喜走出妓院门口。她下意识地把棉袄拉过来裹住襁褓,盖着婴儿的脸,画外,阿利路亚……阿利路亚……北风吹着翠喜的头发,北风吹拂着衣着单薄的翠喜的身影走远、走远。

翠喜——母亲。

阿利路亚,阿利路亚……阿利路亚……

2008 年 9 月 30 日

尊重同行的创作劳动

我的兄弟姐妹都在北京。当我去北京时,常常在大哥家或老三宗洛家团聚。

一次在宗洛家吃晚饭,宗江说:"八时正点放新片,我要去看电视了。"三弟妹说:"还有一道西米布丁甜点呢。"哥说:"不吃了,我看电影电视非要从第一个镜头看起。"我说:"我也是。"就和宗江一起坐到电视对面沙发上了。三弟妹把西米布丁送到我们手上,正片开始了。其他姐弟陆陆续续嘻嘻哈哈坐过来了。宗江说:"别吵,不许说闲话。"他们不当回事儿,还笑着话家常。大哥火了:"不许说话了。"穿插广告的时刻,大姐二姐说:"没什么意思,先走了。"宗洛也说:"我也不看了。"大哥光火:"你怎么可以中间起堂。你是干演员的。你们家看电视怎么跟上小菜场买菜似的,连半点演员的规矩都不尊重。"老三没话说了。

大哥和我一起上剧场、去电影院看节目,从来没有晚到或看半截起堂的。我们尊重别的演员的创作劳动,是道德也是习惯。

2008 年 12 月 8 日

如果你心里忧郁

如果你心里忧郁，你就把老碟片《二十五个孩子一个爹》翻出来重放放，保管使你身心温暖笑声连连，热泪涟涟。虽说这是2002年加拿大蒙特利尔电影节参展作品，却是常看常新。

这是著名小品演员黄宏自编自导自己主演的一部喜剧片。

说是喜剧片，在整部片子里几乎没看见养鸡大户黄宏一个笑脸。黄宏饰演一个"吃千家饭，盖百家被"被村里人拉扯大的孤儿；现在是成功的个体养鸡场场长。他操心啊，奔忙啊，尴尬啊，急得睡不着觉啊，只因他在县的表彰会上，把相亲用的一万元捐给了福利院，当新闻媒体把摄像机对准他问话时，他冲动地说了一句："我愿为所有的孤儿当爹。"

这就不得了啦。他还没回到鸡场，家里已经有一大帮孤儿等着他了。孤儿们是河南小香玉剧团的学员们演的，演得纯真、顽皮、进戏。黄宏得给这25个孤儿张罗吃穿拉睡。买鞋要买不同尺寸的25双，何况有的孤儿从生下来就没穿过鞋，不知道尺寸。

吃饭了,起码 50 个大馒头。淘气的孩子把黄宏的对象——邻居姑娘桂清也吓跑了。黄宏也顾不得安慰小学教师桂清了,只把她颈下的叫笛硬借了来。

　　黄宏试着用军事化学生化教育,使一群从 2 岁到十几岁的"狗讨厌"的孩子,有个秩序。黄宏自己没上过学,桂清不肯来教,黄宏就偷偷去别的小学"偷教",像模像样地贴起课程表。在院子里教数学,一个孩子面前一堆鸡蛋。加法:一个鸡蛋加一个鸡蛋是 2。两个鸡蛋加两个鸡蛋是 4。4 个鸡蛋减 2 个鸡蛋是啪啪啦啦砸了一地鸡蛋。黄宏教孩子打快板,25 副快板吵得邻居的鸭子不肯回圈。半大孩子馋了,用弹弓打下邻居的鸡,起小灶把鸡吃了,邻居跟着鸡毛和鸡骨头来讨债,黄宏打了偷食者,没收了他的弹弓。每天都有各式各样的纠纷,但也在黄宏起早摸黑伸出八张手的教育下,孩子们会听号令排队了,会念百家姓、三字经了,会礼让同学,大孩会照顾小孩了……这时候两岁的小不点儿发高烧不退,去医院看病,说要开刀,手术费要 5 万元。这可把黄宏急坏了,只有卖掉鸡场才有可能得到 5 万元。同村人,一直在给孤儿送肉、送菜、送馒头,可谁也拿不出这笔钱。

　　在此关键时刻,桂清的妈(一直不满意黄宏瞎胡闹的未来岳母),肯出 5 万元买下鸡场。问她为什么?她说:"别人买了鸡场孤儿们怎么办?鸡场赔了,你们俩结婚了又住哪儿?"斯琴高娃演得真好,我掉泪了。哪怕一个过场戏,我也感动,黄宏把一只芦花鸡送还又一邻居,邻居说:它认得回家。黄宏又从口袋里拿出一只金黄黄的蛋,说:还在我家生了个蛋。邻居说:这鸡下白蛋。

我眼又潮湿了。多好的中国老百姓啊!

  一根筋的鸡场专业户和他的邻居们是中国的希望。影片在结尾,是县委派特级教师来支援黄宏。孩子们簇拥着圣女般的特级教师,黄宏的叫笛不起作用了。意味深长。隽永。怪不得获那么多奖呢。

2009 年 1 月 12 日

年年过年

要能吃一种药,一睡一星期多好。

1934年10月我父亲病逝。我9岁。父亲活着,每月有薪水360元;父亲死了,收入0元,幸亏两个姐姐大学毕业工作了,到年底总会一人寄50元回家。春节家家都过,我们也不能不过。照例:吃腊八粥、泡腊八蒜。照例扫房祭灶。照例买年货。不照例的是:买一对白蜡烛和白纸包皮。在白纸包上,用毛笔写上显考黄曾铭先生敬讫,包里装满折叠的银元宝。

年饭照例要有菊花锅,铜的火锅,装上半锅鲜汤,放入线粉、冬笋、香菇、鱼丸、肉丸、鸡蛋饺摆成一圈,用拔火罐把炭火拨旺。听火锅咕嘟咕嘟开了,可以上供了。要供三杯酒、三浅碗饭、三份碟筷。又供上酥炸鸡、清蒸鱼、红烧肘子、青菜心。然后点上三根香,按次序一一跪拜。母亲只三鞠躬就呜咽开了。母亲虚岁36岁就守寡了。我们兄弟姐妹默默看着白包袱烧成灰烬,幸亏家里有五个兄弟姐妹,还有一个终身老保姆。我们循例守岁。包好饺子，就玩起扑克牌接龙、推牌九、掷骰子，只母亲抽泣着早早躺下了。

年年如此，母亲的呜咽、白蜡烛、白包袱，直到我们一个个离开了家。

我和大哥在上海演戏时，也怕过年，每年年三十晚上，必然是新戏通宵联拍。午夜，一人一碗满满的梅龙镇酒家的窝面（梅龙镇的女老板吴湄也是我们剧团的董事），大家辛苦辞岁了。

老辰光，春节初一到初三，市上所有饮食店、小吃铺、大饼摊一律停火封灶三天，连挑担卖炸臭豆腐的也回乡过年了。我和哥，初一拎一篓橘子，到林表伯家拜年蹭饭，初二到陈表伯家拜年蹭饭，初三到薛干爹家拜年蹭饭。家家都摆有麻将桌，打麻将客人吃点心时，也就是我们的晚饭了。吃完，放下两元钱，给仆人就走，夜戏毕，就到有家的演员家包云吞、下面吃，好累呀。

如今老来，又不知怎么过年了，儿女远游八方。但年我还是得过，得给赵丹上供，起码要烧条大鱼，"年年有余"，打开一盒好烟，点亮两支红烛形的灯，记得把大门打开，因为阿丹生前从来不记得家里门牌号码。我不呜咽，而是准备笔墨纸砚，午夜过后书曰："新春开笔，大吉大利"，并写还要没完没了活下去的生活规划，迎接来年。

2009年2月10日

老

人总要老的。但自己老到 86 虚岁（1925 年生）委实是想不到的。

年初二,心内科病房由郑主任陪同,俞院长来拜年。得知我用硬板在膝上书写,马上让院里找了一张活动小桌送来,我倒不好意思不写了。

近来,文汇出版社赠我一套《永安丛书》共 5 册。只因刊登在永安月刊上有我一张着马装的封面。时我 20 岁。我从 16 岁来上海演戏,倏忽已 70 个年头了。说老就老了。

我想起 50 年代,我 20 多岁时,曾采访过当时硕果仅存的 4 位老大姐:王汉伦、宣景琳、黄耐霜、范雪朋,并行文记之。

4 位老大姐都对我说:女演员是吃青春饭的。一般到 25 岁,电影厂就不跟她们签正式合同了,只因她们是吃老旦饭的,很多影片中是少不了老旦的,所以她们才签到合同。解放后,凡与各影厂签过正式合同的,都与新的上海电影厂续签合同。她们 4 位很知足,虽然工资很低,晚年有了保证,其实她们在演老妪时,也都并不老。

  有一天,我去福履理路(今建国西路)口腔诊疗所治牙,遇一捂着嘴的妇女喊我:"黄老师。"我仔细一看是黄耐霜大姐,忙招呼她。我问:"你一个人来的?"她说:"拔掉四颗牙,老公在家烧饭。"我说:"你别说话,把嘴里棉花咬咬紧。坐下。等血止了再回家。"她老想跟我说话,我按住她,不许她跟我说话。叫着我的号了,我嘱咐她:"等我查完病,叫辆三轮车,送你回家,我也认个门。"可等我从诊室出来,黄耐霜已经不见了,她不忍心打扰我。

  过了几天,我到电影厂,下午,我听说黄耐霜昨夜说死就死了;也问不清是什么原因。这以后,我一到治牙,就想起黄耐霜。

  世事是不可料的。唯愿活着的时候,保持生活的质量也就行了。我们在拍摄纪录艺术片《小木屋》时,女主人公、生态学家徐凤翔有一句座右铭:"一息尚存,不落征帆。"尽管我们只有一条小小的船儿,一片小小的白帆,且让我们勇往直前吧。

2009 年 2 月 23 日

可爱的英子

初见英子,就很喜欢她。

两条小辫子垂在胸前,十七八岁,长得眼睛是眼睛,鼻子是鼻子,嘴是嘴,铺排得恰恰当当;越看越耐看,是个"乖囡",惹人疼。

我在剧团当实习生时,她已经赚了观众流不尽的眼泪了。她演鸣凤演绝了。观众来买票,都要问:"是不是英子上台?"(角色往往有 AB 制)她在剧团里人缘好,大家都喜欢她,小伙子们更无不暗恋她,她是一株出水盛开的水仙花。

她演巴金原著、吴天改编、洪谟导演的《家》时,演到她自己(鸣凤)要被老封建虐待狂冯老太爷娶作三姨太时,她心爱的三少爷竟然不知道。第二天就要迎娶了,偏偏觉慧正在通宵赶写明天将要朗读的爱国学生运动的宣言。英子徘徊在觉慧窗前,觉慧打开窗子:"鸣凤,你去睡吧。明天……明天我肯定找你。"觉慧关了窗,拉下窗帘。

鸣凤嚅嚅地:明天……鸣凤没有明天。

夜。空旷的(舞台)大院里,只鸣凤一个人。天郁闷得压下来,远处电光闪闪、雷声轰隆,鸣凤低语:"鸣凤没有明天……明天。"鸣凤决然走向舞台正中的池塘边,回过头:"三少爷,我……去……了!"闪电暴雷送鸣凤跳入池塘,溅起水花;扑——通!!!鸣凤离开了人间,观众席一片唏嘘声,哗!天像被拉开大口子,降下暴雨,舞台转暗。

后台,跳水后的英子还没缓过神,一阵咳呛,她吐了一口血,被同伴发现。第二天,强逼她去虹桥医院(旧址为今徐汇区中心医院)看病,照 X 光,说是肺病,拍片显示已是晚期,留院治疗。这一病就日益沉重,40 年代,TB 还是要命的病。雷米封、空气针都用上了,英子命孤,也说不上有良好的营养。剧团的伙伴们,大都是"城市流浪者"——没有有锅灶的家,不可能给她炖鸡汤、脚爪汤。只得一个人捐三块五块八块十块钱,凑着买了些干物质:金鼎肉松、泰康凤尾鱼、核桃仁、黑芝麻酥、西湖藕粉、四川腐乳等佐餐上品。

我们是戴着口罩去看她,她也戴着口罩到走廊上来见我们。虹桥医院先是只收她的工本费(打大折扣),但已从二等病房,搬至三等病房(治疗及护理下降)。医院是私营的,欠费太多,再不付款,只得停药。英子仿佛不知道自己的困境,护士们待她极好,她戴了口罩,在走廊上和我们谈笑,护士马上拿外衣给她披上。她说再上台要演喜剧,要演顽皮的戏。

我们回到剧场,在日夜两场戏间,大家紧急商议,必须马上给英子演一场"秋风戏"——义务演出募款。

"打秋风"是梨园行演艺界的一种自助方式。聚集有号召力的名角,合演一场叫座的戏,演出所得捐给急需的对象。

于是就决定演《家》。《家》是我们的救命戏。剧团亏本了,眼看就要解散了,我们也演《家》。所以我也闹不清哪一次和哪些名角演了。此番,只记得先是裁了多份的大红纸折子,再由交际广的演员如韦伟、张媛、韩非……打一通电话给有关对象铺垫。然后由各名角执红折子去找有关系的阔人、商号去推销荣誉券。把剧场12排之内的中间座位全部高价推销出去。红折子的封面用毛笔写上:"为挽救英子女士筹款,敬请慷慨解囊。"我是和在电影上专门演大坏蛋的老好人王献乔的女儿王薇一组,往外滩一带大商号走。票子原价已提高到五元一张。荣誉券再加码。我拿着红折子和老板说:"您积阴德,救救可怜的英子,您花十元一张也可,百元一张也可,我们替病危的英子叩谢了。"总之,说好话呗。像梅龙镇酒家女老板正请客吃中饭,不待我们多说话,吴湄、李伯龙、张菊生等都各捐出一百元、二百元还不要戏票,以便我们多销些。当我们找到永安公司董事长郭琳爽时,他一下子给我们两千元,也不要戏票。

秋风戏卖了个满堂。但终于挽救不了英子年轻的生命。还好,还了些欠款,置了套寿衣,买了具薄皮棺材,草草下葬于义地。

我在打秋风这场戏中,扮演鸣凤,当我向大太太求情别把我嫁给冯老太爷时,我哭得一条绸手绢能拧得出水来。当我演到"三少爷,我……去……了"时几乎晕倒,我也感到要吐血了。

想到"侬今义演为英子",他年为我知是谁,谁来为我打秋风呢?

一晃,六十多年过去了,人生如戏,许多话从何说起?想你,英子,愿我们在彼岸再聊吧。

2009年3月13日

焦阿姨

　　1973年吧,上海作家协会从奉贤撤回,我就被派在威海路"深挖洞",联合几个单位挖个大地洞。挖累了,大家就坐在马路牙子上歇口气,梅龙镇酒家的师傅就围着我叙旧。被工宣队看到了,就"进一步落实政策"调我到美术家协会帮厨,以免我"继续向群众放毒"。

　　我每晨4时不到就骑自行车到美协厨房,厨房里只有一位女厨叫焦阿姨,正捋起袖子揉昨天发的面,做成一个个圆面包,摆进烤箱,我对焦阿姨说:"我没干过厨房,请多指点。"焦阿姨说:"你看能干什么就干什么。"我看有三把芹菜没摘过叶子,就动手摘一片片叶子。焦阿姨从挂在菜橱边的筷筒里抓出一棒筷子(约5根筷子),左手拿起一把芹菜,噼噼啪啪就使劲打起来,三下五除二叶子都稀里哗啦掉光了。我接手学她的样,也攒起筷子打芹菜,不一会儿,三把芹菜都打光了叶。她嘱咐我掰开芹菜去根,洗去钻进苋里的泥土……我看焦阿姨已经把四五十个面包摆进烤箱,点了燃气,就去洗米了,我扎手站着,她往大蒸锅里倒米,嘱咐我往台子上一个个贴有橡皮膏名字的饭盒里放水,饭盒里是职工自家的米,2两、3两、4两,由我倒上适合比例的水,再由焦阿姨踩到锅炉的架子上,把饭盒有秩序地码在蒸锅里,还看见她在一只4两的饭盒里塞了一块肥咸肉,嘴里叨叨着:"人有病,没钱看,天天买最便宜的菜,怎么顶得住。"下得架子,她嘱咐我择韭菜,我说:这韭菜都瘪了,她说:"干葱瘪韭烂桃子天下美味。"我择好韭菜洗干净,看到她正用刀背砸大排骨,我说:我来吧。她说:"用舁着的劲儿。"说着打了两个鸡蛋,让我蘸砸好的大排,她自己去切腰花、切豆腐干、切豇豆去了。一眨眼正午了,她赶快让我把消毒过的小菜碟摆开来,我就看着她往碟子里分菜,到炸排骨时,她让我翻排骨。排队来买饭的来了。她又赶快站在架子上取出蒸熟的饭盒,这下难坏我了,我的手怕烫,只好拿快抹布垫着饭盒,往桌上扔。

我赶快接饭菜票卖饭菜,我头都晕了,待把饭菜卖完,我已累得不会说话了,焦阿姨却开心地唱起情歌来:"我爱他忠厚老实心眼好,我爱他手脚勤快手艺多,我爱他……"焦阿姨把一堆碱指给我,把刷锅洗碗消毒砧板的事都掼给我,自己去白相了。

焦阿姨是个乐观的人,也是个苦命人,她在结婚的当晚,得知自己是个石女,没有条件过夫妻生活,她哭了三天三夜,她迷信于妇女结婚之本职就是生儿育女传宗接代,更何况新郎是"三房合一子,他不能没有后代"。就回到自己出生的农村,带回了自己的表妹,又请了两桌邻居,公布又结了"两头大"的亲。她已在美协附近找了间亭子间,孤零零离开了丈夫的新房。

每到星期六,开完中饭,焦阿姨就关起厨房门,洗头擦身换衣服,洗干净脱下的衣裤,晾在厨房拉的铅丝上,然后,拎过饭筒,装上10只虎皮卤蛋、10只百叶结包肉,整整一筒,让我记账,我们经手饭菜票,所以不买饭菜票,只记账按月付钱,焦阿姨光鲜漂亮地回丈夫家了。焦阿姨做的一手好裁缝,一天能制7件男衬衫,结婚时买了部蝴蝶牌缝纫机,准备生了孩子就不来美协烧饭了,只在家中给四邻做裁缝。如今,周末回家,总有许多生活等待她做。星期六晚上常常踏个通宵达旦。也舍不得在木沙发上打个盹。星期天也忙到吃完晚饭,才回到自己的亭子间。缝纫得的工钱,全部给丈夫和儿女补贴生活费用。我问焦阿姨:"你不留点钱自己过老?""我已经是4个儿女的妈了,吃穿学费都要钱,我尽我的责任。"多么善良的普通人啊。

在食堂,一次中饭开罢,有一对老夫妇又来买饭,一问,得知今天下午1时公检法宣布给刘海粟判刑,焦阿姨叨唠:"就是判枪毙,也得让人家吃饱了啊。"她赶快开火蒸出两份热饭菜,沏了两碗紫菜虾米汤,老两口要付钱时,焦阿姨说:"不收钱,有人给你垫饭票。"当宣判开始,刘海粟站了起来。听到自己戴上反革命分子帽子时又跌坐了下去。过了两三个月,刘海粟的儿子(著名的理工科专家)要回国探亲,美协又张罗给刘海粟摘帽子补工资、粉刷房子并装了冷热水淋浴器,真是好一番折腾。

后来,美协领导和焦阿姨说:"黄宗英要回作协,我们再给你找个助手来。"焦阿姨说:"我只要黄宗英。"人家告诉她:"你用不起。"敢情是,我在厨房做熟了之后,下午就去美展馆大厅观看"上海市青年美术作品展览"的准备画室,看汤沐黎和陈逸飞的作品……于是文联革委会收到一封签名信:"要求不要再让黄宗英给我们烧饭了,让她下生活去给我们写些新的报告文学吧。"于是我又被"进一步落实政策",回作协去管理既没人借书也没人还书的图书馆。一幢房子只肖岱和我两个人,有时肖岱看不到书架后的我,径自反锁门走了,害得我从窗户里喊人,求过路人找作协传达室拿钥匙开门放我回家。一天我正喊人开门。传达室说:"正好,有人找你,说是你师傅。"门开处,我看到焦阿姨拎了一包面包来看我,说:"早上烤好,被我硬扣下来的,好新鲜。"我挽着她走进图书馆。除了书,没有人,也没有椅子,我攒着焦阿姨的双手坐到书堆上,正是扬州谚语"四两棉花八张弓,细细弹(谈)吧"。

2009年4月28日

瞬息舞台

（一）台上跑火车

一次，赵丹和我，去看中国旅行剧团（简称中旅）演出。我们很尊重中旅，因为中旅是中国话剧职业化的开创者。班子很硬：唐槐秋、唐若青父女、邵华、王献斋、孙景璐、贺宾等，演技泼辣，风格独特，"海"得很。

我们坐在第五排偏右的座位上。一般，我们总是买这两张位子，最容易看清演员出场、下场。这次是看曹禺编剧的《原野》。

预备铃响，场灯暗下来。待铃声再长响，黑暗中，听火车鸣叫，车轱辘摩擦铁轨咸喳卡喳、咸喳卡喳越来越近。大幕缓缓两边拉开。只见一个工人举着一个冒烟的大火把，从下场门笃悠悠向上场门行走。工人忽然瞥见大幕已拉开，就慌慌张张跑下去。原来，幕开早了。观众一片哄笑。

于是重来。

开幕铃声响起,场中灯暗下去。再响长铃,黑暗中,响起火车轮子从远处渐近、渐近,近到仿佛火车轮子从观众椅子底下响起。一声长笛,火车轮子渐远渐远。幕启,蓝天,原野,一股烟雾划过晴空。观众鼓掌后还叽叽喳喳。他们明白了这效果是怎样秘密产生的,很兴奋。

沿铁轨走来的男女主人公仇虎(邵华饰)、金子(孙景璐饰)好容易才压住台张了口。

(二) 就是这片草

剧团正上演巴金原著、吴天编剧的《家》,洪谟导演。

战乱中,梅表妹(黄宗英饰)随大姨妈来高家避难,这天,觉新(孙芷君饰)和梅并肩走在花园中。觉新说:你看就是这片草地,野花开得多灿烂。是我们小时候一块打青草滚、捉蝴蝶……他说不下去了:只见一位师傅围着油腻的饭单,挎着大椭圆形饭篮,从上场门走进来,四处张望,后台人忙小声叫他:"回来,快回来。"他听不见,还向前走,仿佛要向我们问路。我忙背对观众,指挥他往前走:"下去,快下去。"师傅莫名其妙磕磕绊绊地从下场门溜走。台下观众看出来了,响起一片稀疏的掌声和哄笑声。觉新和我打起精神。觉新说:"就是这片草地,野花开得依然灿烂,我们小时候……"觉新的眼睛一碰我的眼睛,禁不住两人都笑场了,台下鼓掌,大哗。没办法,闭幕。舞台监督上台道歉:"诸位观众,由于我们后台把门不严,隔壁功德林素菜馆来后台送面的师傅走岔了道,跑到台上来,引起演员笑场,现郑重道歉,重演。"

于是幕再拉开,孙芷君和我,倒吸一口大气,并肩慢慢走到场边,抒情地说:"你看这片草地……"以后,演到"你看这片草地"还是想笑,二人不敢对看。想着演员职业的庄严性,想到行规,就止笑了。要笑,后台笑去。

(三) 大事不好了

演《明末遗恨》最后一幕。宫城告急。崇祯皇帝(陈平饰)和费珍娥(黄宗英饰)在高台上眺望。报子殷君奔上,跪在阶下:"启禀皇上,敌军已隐蔽在后山,离都城仅30里,埋锅造饭,战士休整。据俘获舌头言,候夕阳西下……"接着一大套战争术语。每演到这时,殷君就大吸一口气,低头看台阶上贴着的写好的台词,字正腔圆铿锵有力一贯而下,赢得台下一片掌声。

这天,台上大扫除,清洁工人将台阶上已破损的纸头撕去,用拖把拖过了。殷君在台后,大喊一声"报"跑上台来跪下:"启禀皇上……(大停顿)大事不好了……不好了。"从来没这大白话词儿,我们明白已经出娄子啦,皇上背过身去,我以袖掩面做抽泣状,皇上厉声申斥:"下去再报!"殷君晕乎乎退场。

好在没多少时候,兵临城下,我和皇上都各自自裁了。下了台,我们谁都不言声,只因娄子捅得太大了。演员这碗饭不好吃。

2009年5月20日

人老簪花不自羞

人老簪花不自羞,花应羞上老人头。

醉归扶路人应笑,十里珠帘半上钩。

苏东坡这首诗,仿佛专门贺我们《七人集》的出版写的。

上海文艺出版社的这本书,封面画着七朵郁金香花,看在眼里,拿在手上,散发着淡雅的芳香,我们80岁到100岁的七名文学老兵,正喜气洋洋,接受检阅。书比人年轻。美丽、智慧、深邃、幽默,是21世纪文坛回眸的新葩。35万字,书价:35元。7×5=35,"看一位作家,门票5元。"值!我说笑话啦。

我庄重拿起新书认真地从序言、从第一页看起,以认真表示对读者的尊重吧。

2009年6月4日

老年的自尊

"大活人能让尿憋死?"这俗谚对我不灵,我就险些被尿憋死。

是 2007 年 7 月吧。我的一双腿越来越肿,肿得连膝盖也弯不过来了;心口也闷得很,一走路就喘,老吃丹参滴丸也不管用。恍然我发现自己基本上不小便了,坐在马桶上就像生孩子似的使大劲,也尿不出来。我没少喝水,又不发烧,怎么就没小便,连小便的要求也没有呢? 我注意了自己:星期六一天没小便,星期日一天又没小便,48 小时没小便了,无论如何不正常。我就跟我的护工小琴说:我到医院去查查看吧。

我到了华东医院,挂急诊,找到熟识的大内科主任郑安琳,他见我这副模样,马上给我做了详细的体检,并让我去做 B 超、验血,做心电图,拍胸片。正巧今天有女病人出院,他就把我收进病房。考虑到我有慢性心功能不全,合并肺部感染,马上给我静脉注射利尿剂,同时抗感染治疗。下午,又约了泌尿科主任会诊,用特殊的仪器,做尿动力学检查,以明确我的泌尿系统出了什么问题。检查时让我喝足了水,像妇科检查似的,检查完毕,医生说仪器显示 NO,就是说膀胱收缩功能等于 0 了,没查出其他的问题。医生解释说:"人若小便,是膀胱中的括约肌,先向大脑打报告,然后大脑下命令:'撒吧',膀胱收缩,于是小便就出来了,你这是括约肌罢工,不向大脑打报告了。"

完了,我想。我最怕医生说"功能消失"从此没用了。我悲哀地想到:"大概要给我插一根管子到膀胱,然后系一个塑料口袋,耷拉在大腿旁边。外人都可以看见我的小便口袋,使我羞于见人。我不怕老、不怕一头白发、不怕满脸皱纹,就怕挂尿袋,那实在有失我的自尊。"郑主任安慰我:"总归要想办法。你没有小便的原因可能还是与心衰有关,首先要控制肺部感染,加强利尿,消除体内多余的水分。另外,B超显示,膀胱里充满了尿液,膀胱功能也有障碍,若不能排出来,会加重心脏负担,万一发生急性心衰,就麻烦大了,到那时,就危险了。"

幸亏我进医院及时!

我在心内科病房住下,服从郑主任的治疗:服药、打针、输液,小便渐渐多了起来,三天后,我觉得胸口不大闷了,气也不急了,腿也消肿些。由于膀胱功能不好,护士长让小琴在我床上铺了尿布,于是我在尿布尿裤中度过混乱的周末。星期一,郑主任率队查房,问:"要小便的感觉有一点没有?"我答:"因为害怕尿床尿裤,仿佛有一点感觉,想上厕所,又怕来不及。"郑主任说:"不着急,通过治疗,现在肺部感染已经得到了控制,心功能也在好转,你的膀胱功能失调只是暂时的,慢慢锻炼,功能会逐渐恢复的。"

我说:"我想去针灸科辅助治疗,我相信中医针灸。"郑主任说:"试试吧。"他给我开了会诊单。

　　下午,我就去针灸科找许瑛瑛医生——她是我老朋友卫禹平的儿媳妇,我们认识。许医生在我腹部上下及脚腕取了几个穴位艾灸。在大病室里,隔着帘子,一位男病人说:"我便秘九天,许医生给我针灸一次,第二天我就大便了。"这燃起了我的信心,我先是每周灸三次,好一些了,就每周两次。在中西医结合治疗中,一个月方显效果,三个月括约肌功能基本恢复。郑安琳主任继续为我治疗高原反应引起的心脏功能不全后遗症(医学术语"不全",就是"全都全了"),加上原有的死不了也难治好的痼疾:冠心病、糖尿病、重度抑郁、多发性腔隙性脑梗塞、发作性神经性头疼等等等等。是郑安琳主任从精神病院把我挽救出来,治好我的心功能不全,又治好我泌尿系统的疑难杂症;使我的暮年至今尚能读、能写、能正常思维,还能临《黄苗子书古诗册》。在纷纷扰扰的尘世中,我竟然还能保持了老年人病中的自尊,我心中充满感激。

2009年7月3日

天涯何处无芳草

近年来,去发达国家养老,也悄悄成为一种时尚。移民外国,政府发养老金,够食用。可以与儿女团聚,却用不着花儿女辛苦赚来的钱,病了,有医疗保险,甚至死了,还管丧葬。能去则去吧,恰如我"黄门示儿诗"所云:

> 骏马登程奔四方,
> 任尔到处立纲常,
> 身在异境犹吾境,
> 人在他乡立故乡。

且踏踏实实做个地球村人吧。

瞿靖琦女士退休后,偕老伴一起去了墨尔本她女儿家,澳洲是适合人与动物生存的天堂。从免疫学研究室解放出来的瞿教授,尽情享受着人生的自由和潇洒。

既然墨尔本几乎家家都养狗,瞿教授也从失狗认领处,领来一只紧追着她的脚跟转的小黑狗 EMA。夫妇俩打太极拳时,EMA 也仰着身体活动四肢,直到"收势"它才站起来。你和它说话,它就乖乖地注视你,倾耳谛听,仿佛什么都听懂了。它是瞿教授的知音宠儿。

幸福不觉日子长,每次回中国探亲访友,心里最惦念的是:EMA 是否定时喂食?有人有工夫遛狗吗?一次,瞿烦躁不安,梦见 EMA,非提前换回程机票赶回墨尔本。拿钥匙开门,不见 EMA 来迎。赶忙到它窝边,EMA 竟然伏在窝里一动不动,食物和水也在它窝边没动。喊它,它只睁开眼看着瞿,悲哀而又满足地闭上眼。瞿赶忙抱着 EMA 去兽医所,兽医取出 EMA 的病历卡一看,告诉瞿:"它只是老了,15 岁了(如人 105 岁了)抢救它,它也只能活两小时了。"呀!EMA15 岁了,那么说,我们在墨尔本生活了 15 年了。瞿抱着 EMA,静静地等到 EMA 的体温消失,然后厚葬之。15 年来,瞿不知不觉写了些生活趣事。她和丈夫孩子般地跟着放学的小学生,围着冰淇淋车,也选择自己喜爱的冰淇淋,就在街头吃将起来。不由得想起童年在上海弄堂门口,吃白糖桂花糯米糕。已经几十年不在街上吃东西了,出国,使她回到了童年。

当然,也碰到不愉快的事,一天她开门,用力过猛,把钥匙断在锁里了,怎么扭锁也打不开,糟糕!墨尔本哪里有开锁的铺子或摊头?《旅游须知》里可没写过,她只好找到警察局,警察倒还客气热情,打了电话替他们找到开锁师傅。那师傅开着敞篷小货车来到她家门口,拿出家伙,三掰两弄撬去毁了的锁,配了个新锁。那旧锁是 3 元钱买的,瞿想:这回大概至少要 10 块钱吧。谁知发票竟是 100 元钱!又不能用信用卡,她只得进屋翻抽屉、翻大衣口袋,凑足现金付了,以后,每回开锁都小心翼翼。

  天涯何处无芳草,15 年来,她写了许多抒情、写景、叙事的散文,陆续发表在当地的华文报刊上,如今准备出文集了,老了老了从免疫学一脚踩进文学,不亦悦乎。嘱我作序,我祝贺她。

2009 年 7 月 21 日

残章断句

寂寞,是名人稀缺的享受,我酷受寂寞。

编筐织篓,重在收口。珍惜晚节,可别出溜。

苦难,是有志者的摇篮。

廉价的乐观,是懦怯的幻觉。

生而为人,总要尽责,包括要快乐。

艰巨和枯燥都是最迷人的。

人之顽疾,莫过于自怜,汲汲自怜者,什么正事也做不成,连朋友也将失去。

生病尚有企盼，自怜不能逆转，斤斤俗身者，世界美好一面全不见，死亡远胜自怜。

2009年8月12日

女儿是爸爸贴心的小棉袄

女儿是爸爸贴心的小棉袄——这民间的大俗话说得太好了,太实在了。

这套书烫手,看了,血液循环会加速。丛书里所记叙的几位已故文化人,长期生活在上海,他们的女儿从各个角度:历史的、文化的、亲情的、友情的……感性又细腻地追忆了父辈们过往的成就或背后的故事,为上海这座城市的文化史增添了一份弥足珍贵的史料,这真让我高兴。我为这些父亲的女儿们叫好。

作家、出版家靳以因心脏病突发,英年早逝,只活了50岁。医生说他的心脏扩大到极限,而女儿章洁思却说:爸爸的大心脏是装着千千万万的读者,他以自己的心点燃读者的心,照亮他们前进的路。他一生中写了40本文集,编了大大小小几十种刊物。在那动荡的年代里,封掉他一个刊物,转眼间,他又出了一个刊物。他与巴金共同合编的《收获》,至今还是享誉天下的刊物。书比人长寿,人们不会忘记靳以。

丰子恺的女儿丰一吟也是画家。她爸爸在石门缘缘堂窗下工作的背影,已经深深定格在女儿心中。抗日战争初期,他们本以为日寇不至于到这么偏僻的地方来了,可是窗玻璃被震裂了,敌机的盘旋声也可听见了。次晨,丰子恺妹夫兄弟二人划船从乡下来,接他们一家去避难。他们只带了两个铺盖卷、一箱衣物,一大家子十来口人就离开了缘缘堂。没过几天,就传来了缘缘堂被炸毁的消息,从此漂流在外离乡九年,女儿做梦都梦见缘缘堂柜子里的骆驼绒袍子。丰子恺为之赋诗曰:

清平未识流离苦
生小偏遭破国殃
昨夜客窗春梦好
不知身在水萍乡

在战火烽烟中,丰子恺一路逃难,一路作画,他也教书讲课,写随笔。他无论画什么,都自有其风韵。没有人不喜欢他的画。他画儿童画、古诗画,还为师长弘一法师作护生画,光是护生画他就画了450张。诗情盎然的画,却都是在饥寒交迫中画的。

人需要爱情,更需要友情。赵家璧的女儿在写了其父历经坎坷、毕生从事钟爱的编辑事业外,还以大量珍贵的史料记叙了赵家璧与朋友们的友情。她写了父亲对前辈鲁迅、蔡元培、徐志摩的感恩与思念;写了父亲与郑伯奇、老舍、巴金、靳以、马国亮等朋友相识相交的经历以及他们之间的深情厚谊,还披露了1933年丁玲被捕后，父亲冒险出版丁玲的小说《母亲》，并按照鲁迅来信的指点，巧妙处理丁玲的稿酬，使这些稿酬真正寄达丁玲老家母亲和孩子的手中等背后的故事。

真抱歉，我不熟悉孔另境，可我为他一生四次坐牢的经历，感慨不已。

第一次是因为爱国学生到闹市撒传单被捕；第二次是为党做联络工作被捕；第三次是抗战时期，他以作家和戏剧教育家的身份，在上海孤岛办学校，还接受新四军伤病员，被日本宪兵司令部逮捕，受了各种酷刑，直到日本战败才放出来。"文革"时，孔已退休，本以为自己不会有什么事了，没想到又进了监狱。他当时已患有严重的糖尿病，必须天天打胰岛素，可在监狱里有谁管他呢？！结果全身浮肿，腿部溃烂流脓，这才把他像乞丐一样，扔在监狱门外，让家人来领。家人把他背回家。他的工资早没了，一大家人，靠妻子做校对勉强维系生计。没办法，女儿只好写信给姑父茅盾求救。茅盾赶快每月给孔家寄 30 元来。他们去不起医院，只好请一位医生朋友到家里诊治。女儿每天洗带脓血的纱布，放到太阳底下晒，又用熨斗消毒，天天换药。好容易才结了疤，可腿还是残废了。但孔另境的意志依然很坚定，他在日记里写道：人是有理性的，所以才能"认识现实和理想将来"。女儿在他的笔记本里竟然发现夹着父亲两张完整的手掌皮，掌纹清晰，那是因为父亲在牢里营养不良全身浮肿而从手上蜕下来的皮！现在它们已被陈列在乌镇的孔另境纪念馆里。孔终年 68 岁，一生坎坷，炼就铮铮铁骨、刚强意志。

人活到古稀耄耋之年,总会想想身后事,这很正常,而著名诗人王辛笛,却想到了更远的死后之事,他为自己和夫人徐文绮写下了挽歌。这既是他对死后的想象,也表达了他眷恋人世的心愿:

> 每到清明
> 多谢每一位前来
> 为我扫墓的人
> 带来花环的一片深情
> 看,青青墓上草呵
> 那是因为我的生命
> 已经融入到这方土壤中
> 永远和时间同在
> 你没有听到我轻微的召唤么
> ……
> 今天过去了
> 但愿你明年能照旧再来
> ……
> 我们俩并不寂寞
> 在晨风中我们唱起与子偕老之歌

让我们跨越生死,与这些不平凡的人对话吧。这套书确实是烫手的,它使你为爱国的热情、为浓郁的友情、为人格的固守而震撼,像一盏盏不灭的灯,闪亮着、燃烧着。

("女儿眼中的名人父亲"书系序。)

2009年10月25日

美的享受

我有生以来第一次读创作歌曲集。是简谱。我不可能视唱——看见谱就能哼出旋律来；但我看到歌词，熟悉的旋律就在心头翻腾起来。耳熟能详，是黄准创作的特点，又有谁不会唱"古有花木兰替父去从军，今有娘子军扛枪为人民"呢。黄准谱了60年的曲啊，此歌曲集收辑了她一百三十多首歌曲，大丰收啊，她比我小一岁，可她哪里像八十多岁的人，她的头发还乌黑的，心还年轻着呢。她是因为一个月里跑了6个省区，累得头颈上长出带状疱疹被收进医院的。在医院里，还歪着脖子写手记。我就爱看她那手记，记她怎样从民族音乐、从少数民族的哼唱中，从地方戏曲获得灵感，进入创作。她少女时代（1943年）是延安鲁艺音乐系冼星海的学生。我从介绍解放区文艺的纪录片里，发现她"跑旱船"的镜头，一见钟情。她谱的第一个曲子就是《留下他打老蒋》，是中国电影明星陈波儿把着她的手教她写、教她一句句改，影片一放映，歌也就唱开了，她也就从此进入作曲这一行档了。

黄准第一首儿童歌曲,是为上海美术电影厂的动画片《小猫钓鱼》谱的《劳动最光荣》,被选入了小学教材,故而全国儿童都会唱"太阳光,金亮亮,雄鸡唱三唱"。还会唱"挽起太阳走,挽起月亮走,全世界的小朋友笑开了口,抱着一个大地球"。童趣盎然,富于幻想,天真烂漫,黄准一生谱了许多儿童歌曲,对儿童教育是有贡献的。

在《燎原》这一影片拍摄中,她深入煤矿的最底层,体验矿工的生活。谱出"我们不是牛马,我们是人","吃的阳间饭啊,干的阴间活呀",怨愤的吼声,动人心扉。

她在《蹉跎岁月》一片里,谱了一首《蹉跎岁月里的追求》的歌。她总是能在纷繁复杂的生活里找到亮点。生活之路,在于开拓。她在成名之后,又到上海音乐学院理论作曲系去进修。学习作曲对位、乐曲分析,并把习题带到外景地去做。她在实践中学习,在学习中实践;所以她始终能在60年的创作生涯中,不断攀登而上。我以有这样一位德艺双馨的密友而慰藉。

向黄准学习。

2010年1月19日

八十芳龄的徐凤翔

每每岁暮年初,我都会收到徐凤翔的照片贺卡。总结她年来干了什么,每每使我大为吃惊。

徐凤翔,是我 30 年前所写报告文学《小木屋》的女主人公。是环保生态学家。我追随她三次赴西藏。她考察藏东南森林生态,曾攀援雅鲁藏布江大拐弯峡谷——峰高 8 000 余米的世界第一大峡谷。历尽千难万险,写出她的环保论文,出了书,开辟了环境保护区。

徐凤翔于 2009 年暮春,自费花了 11 000 美元,去南美洲五大生态系统考察,并乘微型飞机,低空俯视亚马孙河水系和绿带状水中森林。

仲夏,她又自费重归西藏高原"小木屋"(西藏高原生态研究所),访云朋树友、江河滩洲,更经历了飞巡喜马拉雅山雪峰,以验证她 30 年来的理论成果。

深秋。她特地飞来贺我于病榻:喜《小木屋》荣获改革开放

30 年优秀报告文学奖。

隆冬,她又随环保志士西行,寻河沅,慰震区,徜徉于怒江第一湾。

顺笔写下她的四季旅程,真是浪迹天涯,遨游长空;而她已经"芳龄八十"了。诸君想得到吗?花了毕生的储蓄,安排了病瘫的老伴,行得"疯狂",活得丰富。

记得上世纪 80 年代初。我们拍摄纪录片《小木屋》。在影片尾声部分,拍我为考察队送烙饼,与凤翔欢聚于达卡湖畔。我叠了希望号小纸船放流于湖中,小船中支起一纸帆,上书对联:一息尚存 不落征帆。以勉凤翔并也激励自己。几十年过去,我们都充实而饱满地活过来了,并努力奋进着。

正是:一息尚存 不落征帆。

2010 年 2 月 25 日

第二辑　梦中梦

梦醒，梦酣，
如梦似梦，梦中梦

独乘稿页之小舟
——致岑范信

岑范：

忍不住提笔向你（们）致意。你的住处离我家虽只一箭之遥，但不想打断你伏案构写新作；而在万种烦愁中，我也愿独乘稿页之小舟……

日前，白杨姐打电话给我，要我在"五·一"节打开电视看她主演的《洒向人间都是爱》。我忙说："哎呀……我想办法看。只不过我发寒热，在床上，假日人来人往……"岑范啊，不是我老了啰嗦，说实话，我怕白杨有一天慢条斯理双目含情地问我："宗英，你对我扮演的孙夫人提点意见吧。"我早就准备好回答大实话或大谎话："真遗憾我自顾不暇我没看。"试想：这位中国一代影后，在晚年为此片四方奔走八方筹措历时六七载，百计千方好不容易拍出个电视片来。我岂忍心说不好？又怎能违心夸好？反正我没信心。我曾不止一次地对白杨的孩子说："想办法劝劝你母亲，她过去的片子还是个顶个的,别最后砸了自己。"反正我不大敢看……

　　届时,只是为了友情,不抱希望——包括对你。虽然你导演的《阿Q正传》得内外行好评获了这个那个奖,虽然人们也还没忘记越剧影片《红楼梦》,却始终没记住是谁导演的。你执导吴祖光剧作改编的电视片《闯江湖》,我真的没看过,我常常惊奇你的甘于寂寞又永远不失去当年大学生影迷戏迷玩票下海的瘾头。从当年"香港小生楚王孙公子"迷到年逾花甲,在这般"难啃"的题材面前,你……你……我披着毯子,手心冒汗地打开电视……来了个电话,没看见片头,以后又数次被人来人往打断,五集电视片,天晓得我看了几分之几。就在这种情况下,我还是被《洒》片吸引了。首先被并不常见于电视屏幕的整体的艺术庄严感给镇住了;也被白杨扮演的宋庆龄女士的风度、气质、分量而动情;白杨毕竟是白杨。——是那场戏:1927年孙夫人在莫斯科的宫殿式的临时住所里,她一个人久久地站在大厅里,寂寞的心声:"走的走了,被捕的被捕了,在这儿的也不来了……"炉火奄奄、夕阳残照,透过雕花玻璃窗心碎地衬托着站立在异国他乡的孤零零的孙夫人。这场戏在孙夫人倒下之前,可能有两分钟吧。剧中的两分钟是很长很长的(一秒钟要跳24帧画面哩),是见演员功力的。我想:尽管今天群星夺目,但很难有另外一个女演员能在这个场景里,代替白杨而使人相信她是带着满腔忧国之情,郁居在这座宫廷式大宅院里的女国宾。当然,这与导演选景、布光、摄像……密切相关。摄制组经费拮据当然不可能到莫斯科去拍摄。75岁的我国权威摄影师黄绍芬是按照拍摄电影的大场景、大面积、多角度、多层次布光的。目前我国拍电视绝少这么使傻劲拍的。你们竭尽其力地调动着电视机械性能之极致。

　　白杨的戏是越演到后边越摆脱了矜持就越舒服。例如赴苏州营救"七君子"就很动情。前边，可能太顾虑自己的年龄差距了。当然，我还是很高兴地看到化妆师张荣妹（我想起她当学徒时的小模样）和服装设计师都已走向成熟。中国女性的旗袍是从国母到娼妓都穿的，分寸掌握极有学问，此片中，孙夫人早、中、晚、家居、外出……各种不同场合所着装束，使我感到可信、适度。总之，全套班子——编导演音摄录美化服道……整整齐齐，才使人信服是那个时代，是那个阶层的人物。

　　缺点当然有。节奏实在是慢，若非合同限定了时间，大可删裁一番。还有人物，例如何香凝这一角色再重要而后边没她的戏，就不要让她再登场陪着干坐着。史良的戏不多，印象挺深……我不说了，我本不是为说这些的。

　　回到孙夫人为美国记者送葬的场面，我听说外景地是以哈尔滨来替代莫斯科。摄制组在气温零下26摄氏度赶去以求摄取严寒的真实感。白杨穿得单薄、黄绍芬站了一个上午、一个下午，岑范你也不过比我小半岁吧。而中午只在小饭馆马马虎虎吃了一碗面。黑龙江电视台的年轻人一直陪着你们干。为了一匹俄国种的马，赶马人要在雪中绕道四个多小时赶到现场。拍到黄昏黯、戏收场，天下大雪了。本该是摄制组功成回师的时候了，但摄制组想到明天积雪必定更厚，情景必定更苍凉，决定：次日拂晓集合队伍整场戏重拍！为了总长度三分多钟的戏,你们老老少少重新受冻挨饿大折腾。深情融于苍天考艺术忠诚、助艺术升华之晶莹白雪中。

  我只不过感到近年来电视片固然有振聋发聩之作和艺术性较强的片子,可在粗制滥造之风弥漫下,目不忍睹者为数也够呛。我才忍不住要向《洒》片摄制组在万种艰难中一丝不苟的严肃拍摄致敬,并感谢这部历史片给我以现实的震撼。

1989 晚春时节

住在大哥家

昨天午夜刚为《望长城》电视纪录片录完音,今天(12月3日)我就逃到大哥宗江家里了。

能住在大哥家,是半个世纪以来的新鲜事。

从1941年我兄妹曾睡帆布床,睡地铺,挤住在一个小小的亭子间以来,凡50年,宗江家里搁不下我一榻之地、一铺之角。他那书房兼卧室窄得我转不开身,常常不小心衣角捋下了桌上的茶杯,碎了。

"小妹,我现在有地方给你住了。"在电话里大哥约小姑奶奶我来歇几天。

有屋、有床、还有书桌。大嫂阮若珊,正以顽强的毅力强化烹饪学习。三顿饭按时供应,只不许去厨房看她,一看,就什么也不会烧了。

我带足了安眠药。我害怕。我十分害怕由我主持的《望长城》第3集第4集的播出。

观众是多情的,半个世纪了,没有观众也就没有我。

观众是严格的,甚至苛刻的。随着画面的运行观众自有直觉的要求。

半个世纪以前,大哥带我走上演员的道路。

半个世纪以后,在大哥家,我向演员生涯告别吧。

1991年12月16日

圣诞老人的大袜子

　　一眨眼,美国街头已是一番圣诞将临的气氛。高高的电线杆上悬饰着准备圣诞老人来送礼品的大袜子图形,目测有一米五高,张着口,向穹空。

　　星期日早上,我们往往从潘萨狄娜市驱车去蒙特利市中国粥店吃早餐。在"小六子"或"丁胖子"店里堂吃或买回豆浆、油条、芝麻烧饼、糯米粢饭,吃来挺解馋。中国人的口味难改,久住上海的人的口味更难改,仿佛少了雪里蕻、萝卜干、酱瓜、毛豆,日脚就勿好过。

　　星期日早上,电视台几十个频道,几乎都在传教布道做礼拜。有的场面极辉煌,有的载歌载舞像开专题晚会。布道者说话较慢,不像别的美国电视节目主持人,一个个像宋世雄在讲述体育热赛,或像冯巩、侯跃文在说绕口令相声,气也不喘一口;远不如"上帝"说话好懂。我一边织着给"老人中心"捐献出售的红红绿绿的小工艺品,一边无心地乱按电视遥控器:节日大倾销的多彩衣服、首饰、电器、玩具让我眼花缭乱。其间，一组组街头露宿者的实景镜头触动了我，我在11频道福克斯台停了下来。这是薇莉(Williejondon)主持的《在街头》专题。它形象地记录了街头露宿者。在高楼大厦的后街，流浪者把两个大硬壳纸箱拼接起来就是"卧室"了。薇莉说全美国有300万无家可归者。她呼吁在家家欢度圣诞时要想着睡在纸箱里的人们，呼吁人们以基督的名义发善心捐献25美元或更多的钱给她的信箱。电视以商场丰盛的节日礼品，以温暖客厅里壁炉前悬挂的一只只红袜，以盛开的艳红的圣诞花来反衬凄凉、肮脏、饥饿的街头露宿者的悲惨状况。镜头又回顾了该信箱去年分发圣诞餐点、玩具、毛毯时，排列的长长的妇女儿童队伍。红衣红帽白胡子的圣诞老人驾着热气球在领捐献品的人群上空游弋，庄严肃穆的圣乐在飘荡，风在呼啸。9频道也在播放《喂饱孩子》专题，7频道《眼见为实》专题在播放中学生在雨中游行为无家可归者劝募，还有频道向人们赠袜形红纸袋，企望索袜者送还礼物给贫困者。袜子、红袜子毕竟只是袜子……再大再多的袜子也只是袜子。

　　我加紧抽着大红毛线、翠绿毛线、雪白毛线织着我的小小手工艺品，也许它可以卖到25美元……

1992年12月24日

赶五十年前的时髦

逛市场在美国人是不可少的。每周要把冰箱填满不说,衣被餐具总有该添置的;何况市场本身包含游乐、餐饮、儿童游戏场……可是,在什么地方?什么时间?买什么?学问大得野豁豁。我身在世外也没那样的高智商、灵敏度去研究,只明白了哪个国家的老百姓都只是老百姓。克林顿用不着忙着在报上剪减价券,也没福气和朋友交换减价券,有的减2角钱,有的减1元,我与美国元首一样管它贵贱,潇洒走一回。

我饶有兴趣地从最豪华的毕丽华山庄——逛下来,一直逛到"丝娃米"——露天摊位。且不说价钱的天差地远,奇怪的是:我发现许多女便装、便服鞋款式几乎都是30年代我姐穿过的、40年代我自己穿过的,一式一样,连扣子也不差分毫。朋友劝我买一件,就是最fasion的,我试穿,又脱下,又试……美丽的售货员热情地夸我穿这款式衣服的风度,我想回她一句:"我50年前穿它更有风度哩!"我没说。我在衣服堆里坐下来,疲倦地微笑摇头,服装历史的轮回使我难以解嘲。我不知道 50 年后穿豆蔻年华时代喜爱的衣服,是风格的延续,还是十三点、大笨蛋!

等我想通了,再决定是否追赶 50 年前的 Fasion。

1993 年 3 月 19 日

读《丝将尽,泪欲干》

　　读了吴钧陶先生写的为孙大雨教授书稿呼吁——《丝将尽,泪欲干》,我流泪了。除了1957年以前,在某些会议场合听过大雨教授铿锵的发言外,我并不认识他;近年我也没见过他、听说过他,我以为他已经从人世间消失了。我怎能想得到他在"年方八十"之后,"仍然在一个个孤灯只影的夜晚"写下百万字以上的著作、译作——(包括八部莎士比亚的八部诗剧的英译汉和《离骚》及一百几十首中国古诗的汉译英)……我仿佛看到老人在航天舱外为中西文化接轨,作为后生怎不惭愧。可是……可是这样珍贵的文化异彩,竟由于订数不足"尘封"在译文出版社五年之久不能问世。老人却将届90岁了。我想起电影《李时珍》中李时珍抚摸久久不能出版的一叠叠《本草纲目》手稿而老泪纵横的镜头。难道今朝今代我们还非得等到别的国家来出版我国的国宝吗?我不相信。

　　我也不相信"订数不足"。我觉得我国出版业的征订办法患

"梗阻病"。广大读者群有多少人看得到征订单呢？作为作家的我，难得见报上登广告征订（也绝少）外，是看不到征订单的。除了我在蛇口任郎乐公司总经理时去都乐书屋常常看看书目征订单，给书屋经理提提建议外，我个人（包括我的读友们）还几乎从来没有预订过书，虽然我是个嗜书的人。我也是个写书的人。前几年，我有本小书一再脱销，读者老写信跟我要书，我对出版社说：你们多印些嘛，我不要你们的追加稿费。出版社说：征订单不来，我们不能印。真是自己左脚踩住右脚。希望现在此种状况已过时——出版界已开过好几次全国性的会议了，译文出版社又是个有成就有魄力的出版社，我对译文出版社出书从来投信任票。

我最闹不清体制，我不谈体制。在高呼重视人才尤其是高知的今天、重视精神文明的今天、尊重爱护老人的今天，是否能对老人出书给点特殊政策呢。

我是个没什么路道的名人，我为我八十多岁的老师——上海戏剧学院表演系主任吴仞之先生的几十万字表演理论和实践的总结的书奔跑了两三年也不得结果。如今我病在医院，且穷碧落下黄泉，吴老你再等等。

为孙大雨教授耄耋之作所感动，我也没有别的办法。我是上海作家协会工资名单上的第一名高工资，底薪 331.5 元。担任《望长城》主持人日劳务费 8 元、日稿酬 8 元。我所能做的仅仅是个人预订全套书目。作为我献上的"一个便士"。我相信会有许许多多的人订孙大雨教授的书，不为自己也为儿女做文化投资。

哪怕是为装饰门面,书也比一闪一闪双层天花板的彩色灯"上档子"!

1993 年 4 月 27 日凌晨

朝霞中有一青年

——记青年植物病毒学者陈剑平

我在寓所的打蜡地板上踱步,心中牵挂着金黄色的麦田。

我默默叨咕着农历的节气:"春雨惊春清谷雨,夏满芒夏小大暑。"立夏割大麦。如今小满过了,芒种将临(5月21日—6月6日),刚刚是收小麦的季节。今春江南雨水多阴天多,谷雨边上是大小麦发病的时候,不知今年麦田的病害如何?菌传病毒对我国大小麦以及其他农作物危害极大,病田粮食要减产30%—50%。中国每年约有1 000万亩大麦小麦受到这类病害侵袭,损失粮食4亿公斤。我永远忘不了农民在枯焦的麦田里颓丧的神情,麦吃四季水,长一茬庄稼,谈何容易!于是,遥远的洛桑引起了我的思盼:那里有一位中国青年,揭开了植物病毒史的新篇章。

1990年3月。中国浙江农科院助理研究员陈剑平,在闻名遐迩的病毒学研究的权威机构洛桑研究站进修。有一天,这位28岁的中国青年,对自己的导师——首席植物病理学家亚当斯说:"我打算做真菌媒介体内病毒定位的研究。"

要知道,假设真菌传播病毒的立论迄今已有60年;要知道,美、加、澳、意、荷、日等14个国家的许多知名植物病毒学家包括亚当斯和亚当斯的导师在内,已经苦苦探索了30年,却一直是失败加失败。

亚当斯沉默良久,终于站了起来,像"押宝"似的把自己多年的研究资料,郑重地交给了敢闯禁区的愣小子——中国青年陈剑平。亚当斯亲昵地摸摸陈剑平的头,说:"试试吧。"

令人难以置信的事情发生了。

14天后。是的,是在无日无夜的14天后,陈剑平冲出了实验室:"病毒!病毒!导师你看,病毒!"

亚当斯仔细地察看陈剑平刚刚拍到的一张放大10万倍的电子显微镜片,昂奋不减于陈剑平。"做下去!做下去!证实它!"——他们见到了"野人的足迹"!看到了"天外飞来物"的"光焰"!

又是多少个数不清的无日无夜,陈剑平捧出了600多张真菌体内病毒的照片,他终于拥有了充分的证据。攫取了植物染病的生命密码。

这,如果发生在体育界的赛场上,是应当升起五星红旗、奏起中华人民共和国国歌的时刻。陈剑平是继许多病毒学家长期合作失败以后,第一个获得成功的人。钱塘江畔长大的科研弄潮儿在国际病毒学领域掀起了滔天巨浪,并成为1992年度我国十大科技成就中唯一一个农业方面的项目。

当国际菌传植物病毒学术会议在德国举行时,陈剑平以流利的英语辅以幻灯、投影仪,向人们揭示真菌传播病毒的规律和特性,莱茵河畔,不同国籍、不同肤色的学者齐声鼓掌,历久不息。认为"这项成果对农业生产有重大影响,是得以通过改进植物保护方法提高农业生产的基础知识"。陈剑平开启了征服植物病毒的门扉。我仿佛看到田野里大麦小麦在鼓掌,禾稻闪烁着金冠,果树羞红了果实的面颊;朝霞中,站立着钱塘江畔的中国青年。

1993 年 5 月 28 日驰笔迎芒种

冷门与热门

传媒界的朋友来我家,我正在为《中国西藏山川植被》大型摄影画册写书评,我请他帮着宣传宣传这本画册,以促销。

"拍得太棒了。没想到西藏这么美!300元一本,值。可是超出目前个人消费水平,难。"他说。

我说:"我琢磨了。中国每个省市图书馆买一本,就是几十本左右。每个县林业局一本就是3 000本左右。每个县环境保护局买一本又是3 000本左右。每个能发表、售出作品的摄影家、画家买一本……元首会见、组团出国可以当礼品。还可以当奖品、抽彩……"

"哈哈哈哈又做梦了。"他打断我,"个人消费面太窄,根本不可能形成抢手书。"

"我并没有期望街头巷尾说凤翔。虽然我已破戒应允中央电视台《东方时空》时间的《东方之子》专题,明年第三次入藏采访徐凤翔;只候医生恩准。这300张摄影佳作95%是江南淑女——

南京林学院徐凤翔教授远离丈夫儿女，入藏考察15个春秋，以青春血汗智慧才情九死一生濒死复生摄得的。其中奇景奇观奇物种奇瞬间是碌碌尘凡未曾识得的。青藏高原是地球三大极地之一。镜头深情地证实：天蛮地野冻云筛雪的西藏果真是我国第二大林区。大自然的嬗递变幻婉约放浪冲击你的心灵，恰如英国诗人雪莱诗论中：'大自然的世界是铜的，诗人们的是金的。'画册用汉、藏、英三种文字释图，将进入国际摄影作品市场角逐。国人有识而又能挤得出钱来的别等'出口转内销'了。"

"照你说的，它可以成为热门书了？"他不相信。至于我相信不相信也很难说。我只看准了徐凤翔是天下古今奇女子；也看准了此摄影画册乃传世之作。

"冷门和热门是相对的。"我说，"许多热门恰恰是由冷门转化来的。尤其是书籍，冷与热之临界度难测。而许多'炒'得极热的书却常常是读书人睬也不睬的。许多划时代的作家、艺术家的成名之作，在初问世时也往往是冷冷清清的。美国作家诺曼·梅勒的处女作《裸者和死者》出版时也不为人重视，随后又出了几本，也不见得风行一时，他乃写下《为我自己做广告》来推销自己，凭这书名就成为文坛佳话，名噪一时传之永久。徐凤翔这本……"

"我还真想买一本和老伴儿孩子一块儿看，亲友来家也共同欣赏。"他早走神儿了，"可300元毕竟……"

"前年你妹妹出嫁你陪嫁多少？去年你爹70大寿你孝敬多少？你小姨家肥肥周岁封红包——反正我早就闹不清这'个人消费水平'，可我知道中国有这么个阶层，咬咬牙能买这个那个的，买就买了；不买，钱也没影儿啦。在这点上你我都属这等'门第'。"

"咬牙买啦！"掂着三斤重的大书往胸口一抱，朋友问："上哪儿买？"

我也不知道上哪儿买。我的几位外国朋友也想买，我只得一封信、一封信写给徐凤翔，可她也许又钻林子哩！真不知道江苏科技出版社把第一次印刷的《中国西藏山川植被》发到哪里去了？还是热包子进冰箱焐啦？四十余年"刻舟求剑"的新华书店，什么时候引导售书时潮？衰年变法不再割地让柜？你有哪一家书店就进个百八十本《中国西藏山川植被》，销不掉，我包了。就此画押，请《新民晚报·夜光杯》做保人。情债、义债还不起，文债还是还得起的。有求各方文摘帮个文场，广摘此文，共祷书市正常兴旺。

1993 年 11 月 13 日

森林女神的梦

我这是睡在哪儿啦?我不知道是我做梦,还是小树苗做梦?是我进了小树苗的梦,还是小树苗进了我的梦?

"是不是喜马拉雅山体又在做体操?怎么这么晃荡?还让我们睡觉不?懂不懂得冬眠的规矩?"藏柏籽嘟嘟囔囔。车篷里黑乎乎,苗木们想不到自己是颠簸在川藏公路。

"咕咕噜噜是催眠哩。小孩子们睡觉就常常被摇来摇去的。"西藏巨柏虽尚幼小就有见识。

林芝云杉说:"前些日子我清清楚楚地看见'森林女神'的部下在林子里转,选来选去选中了咱们这茬3~5岁的兄弟姐妹们,说要往北京灵山送哩。"

"北京灵山离西藏林芝有多远?"急尖长苞冷杉忙问。

"听说有一万多里呢!"西藏红杉答,"我还琢磨那里需要不需要我长大以后做漂亮的酥油筒。"

藏川杨感伤地说:"咱们离开家乡了。"方枝柏说:"你本来就是四川来的,我才是喜马拉雅特有的。"

三花杜鹃忍不住了:"听我太姥姥说,一百多年前我们杜鹃花家族就被英国人挖走了不少。"

黄牡丹像皇后娘娘般发话了:"不说了。睡吧,快睡吧,睡得沉沉的,足足的,咱们明年春天才能在北京和咱们新结识的花草树木一块儿比着长。嘘——睡了。"

西藏高原生态研究所的大卡车载着130余种200多株珍贵的植物活植株以及种子从林芝启程,翻过色吉拉山、伯舒拉岑、他念他翁山、芝康山、折多山、二郎山、秦岭……走了15个昼夜,万里迢迢来到北京灵山脚下门头沟区。在1995年12月11日,这批苗木该假植的假植了,该进暖棚的进暖棚了,该盆栽的盆栽了,一株株壅着藏地喷香肥沃的带土团——像裹着"蜡烛包"的婴儿似的酣睡着,笑眯眯地。朦胧地绘出第一束西藏——北京的绿色热线。

这些西藏大森林的娃娃们,开春会扎根伸枝展叶萌芽吗?会渐渐习惯地生存下来并繁衍发展,成为首都有特色的绿色屏障吗?——这是被西藏同胞尊称为"森林女神"的科学家徐凤翔的又一个梦,不比以往十八载入藏轻松的梦。

引种,是森林学家的天职。但此天非彼天,天也不是那么好商量。尽心尽力试试吧。有梦就好,人间诸多奇迹皆由梦始,祝愿多梦的人多福。

1996年2月1日

平安家书

一大意没守住,冯亦代把我生病的事儿捅到贵报上去了。看来老头是真着急了,不然一位学人怎么去跟外人唠叨老婆有病的家务事。也是因为他亲眼见我出去两个钟头,回家一个星期缓不过劲儿来吧。不责怪他了。只是《新民晚报》有170多万海内外读者,这两天我家里的慰问信、慰问电话不亦乐乎。连不久前才见过面、也时而通个电话的至交袁鹰,也关照柳萌带话来:让宗英一定参加春节前文艺界的聚会吧,大家都想看看她,不放心哪。

如果作家上桌也有啦啦队,此刻我听见呼唤阵阵、小喇叭声声……好咪,管它进不进得去球、得不得分,我得活动活动以回报知音。

"夜光杯"跟我商量好多回让我开个专栏,也是说读者牵记我。我不曾答应过任何报纸杂志写专栏,只因我的写作生涯长期一贯处于业余状态:情绪不接火一个字也写不出,连给远洋归来想吃暴腌雪里蕻的苗子哥郁风姐送菜附条都得打草稿;一旦开写,也顶真得像在开岩凿洞,并且其笨无比,即使写得十分酣畅,也还要勾过来改过去大删小加生砍大折腾,甚至终篇又自批"待重写"、"不发"、"作废",如此这般也从不思改悔,更从不想跟快手比……所以……所以,可是……可是……日思夜想,反复琢磨,开不开专栏这个戒,在于我愿不愿意钻按时供稿的火圈。其实,只要我能拿得动梳子的日子,又有哪天不读书写字呢?如此说来,我交稿的主要障碍在于还真把自己太当个作家了;读者可是更把我当亲人哩!

自己的病自己医。既然不写仿佛丢了魂,亲人们也见不了我的影儿,那就换个写法,就当是囡转娘家,有啥就说啥,啥也不想写时,就说,谁也别理我,让我来家吃顿舒心饭,睡个伸腿觉。哪怕寄张照片让亲人瞧瞧——我活着哩!平安勿念。

1996 年 2 月 13 日

水仙·我俩·他俩

承认自己在养水仙这一高难度妙诀方面绝对"新人不如故",由衷地尊重二哥对前妻安娜——我的好二嫂的始终如一、一往情深,我远道迢迢从西峰寺苗圃挑了选、选了挑,抱回家好多头或未吐蕊、或方含苞、或届花期的漳州水仙;估计家中从正月初一到十五有水仙蕴清香于七重天。二哥曾说安娜让水仙什么时候开就什么时候开,此道他也略谙一二。

自从我进到冯家门的第一个冬天,就养水仙。水仙头是散文家何为从上海邮寄来的。(何为以前也给上海我家寄花,赵丹也特喜欢水仙。)头一年在七重天,我认真切根块、施水、换水,一会儿放阴处、一会儿放阳处、一会儿全断水(简直像搞陈永康种水稻科研),可还是都长疯了。我养的水仙花儿叶儿都一边倒地向二嫂弯腰祝寿了。

第二年,我虽病恹恹且匆忙紧张,可还是没忘二哥的水仙。

他在多篇散文中浓情蜜意写水仙,我有力气写字迹模糊的文稿就不能疏忽养水仙。于是请二哥他们民盟机关里会刻水仙的朋友刻好,服从二哥偶然指点,可虽小心翼翼服侍还是长野了。其实我养水仙在养花"不犯法"的几十年来是常年惯例了。我初到上海,第一个冬天,入眼印象最深的是江南水仙、荷兰水仙。小姑居处或初为人妇或穷或富或苦或甜,怎能无水仙。阿丹倒从不在乎我养的水仙长成什么样。他说,谁也没规定水仙必须长成什么样,人说水仙不装蒜,蒜也入画好看。你养的水仙有你的风格疯疯野野(不是贬词),他高兴地画我的水仙。谓予不信,有画为证。《赵丹遗作书画选》中就可找到"盛年"。在他不舒心的年头,他也倾一腔情奋笔寄情于生命之绿之纯的水仙。

又是一年农历正月初一,又到了郑安娜的诞辰。三年来,每到这个日子,二哥和我都趁我们在"两人世界"时给安娜上香,同时也是向赵丹拜年——他们俩的照片都在我们俩的屋中面东的书架第一层。我们鞠躬祝祷后,并坐在"香案"前,望着俏丽似安娜少妇时期身影的水仙,今年的水仙是冯亦代亲自指挥好保姆耐心经管,我可没插过手。

我想,俏丽的水仙阿丹也喜欢,但不知在极乐世界,他俩能否见面?能见面能说说话就好,他们也不会太寂寞了。

初一下午我写成此稿,俏丽水仙在瓷盆里向我弯腰致谢,我请俏丽水仙从站不住的瓷盆移枝叶花朵到洁白的长颈花瓶里。

1996年2月19日草于七重天

贺韩美林娶妇

年初二我去黄苗子家拜师习书法,以应灵山小木屋奠基不要黄苗子写碑,偏要黄宗英写这刻在石上可能传之永世之自拟仿禅语碑文。郁风说碑文写得好,只是平仄有毛病,范用曾自告奋勇替我去咨询赵朴初居士的秘书长……师母赏饭、戴爱莲姐一高兴教我们跳羌族还是什么族的舞,疯了大半天回家又倒下,不能去给美林新夫妇贺喜,乃胡乱写了封新郎可能看不懂的喜笺,粗粗整理传告天涯海角艺术知音:

牛弟美林:

牛姐宗英这厢有礼了。

多少年来在这里那里看到你的美术作品、散文、宣言,我猜不着你在哪条岭恰如你猜不到我在哪座山……

为你永不满足的成就双手举过头,弟率部愈战愈强异果硕硕,惊得天公开眼。

可是,牛姐与普天下千万老奶奶一样,常为传闻热切打听弟的私事,痛感韩美林要是得不到一位好新娘子,姐恨不得仗古剑一吼天眼何时开了。

好啦好啦,韩美林办喜事了,姐不能亲来道贺,新娘子芳名有谁告诉过我?还是谁也找不到我来告诉?让郁风、沈峻大姐们代我亲亲她并谢谢她。能心疼韩美林的人儿,姐在这厢作揖了。

以女记者初小玲编著的一册《丽人情》为贺礼,小本本里写有姐近年所为并将何所为。

姐沾不着喜酒喜糖心不甘,你还是插空为姐"牵一对牦牛"来吧。我常在北京京都第一峰灵山——从1958年为让十世班禅喝上牦牛奶,灵山养育并繁殖、移入了两百多头牦牛。欢迎牛弟弟媳来写生以添新婚情趣。

……

想当初,初识牛弟在80年代中期,我借住某招待所。引我注意的是我在食堂固定坐桌对面有一英俊青年,常冲我笑、打招呼,还常在我有客时代我付账、添菜、添水果,猜不透他是哪路英雄好汉,有何功夫身手。忽一日餐罢走出食堂在回廊边晒太阳,英俊青年拽上我往月亮门外另一座院边走边说:"跟我去牵头牛。"我听不懂是什么"暗号"。待进入堂屋,迎隔扇张挂着可爱无比的动物群图案,我大叫一声:"敢情你是韩美林!!! 我当你是大侦探福尔摩斯哩!"美林是阿丹的好友并为影剧界很多人熟识;而我于大劫后,倾心科学家攀山越岭又心迷下海,故而只识美林其画其文其德未识其人。刹那间还忘不了问"侦探":"你怎么知道我属牛?"美林答:"赵丹老早就说要俺给山东大嫂你牵头牛,这愿我怎么能不还?"说着就挽袖展纸——

  写到此,圆珠笔未断文思断,只信文缘艺缘终将续上,在灵山有牦牛的山场。

1996 年春节

馋

李辉打电话来,冯亦代接的。冯嚷道:"李辉马上去上海几天,问你有什么事。"我大声回嚷:"馋——""问你要带点儿什么。""带不过来——"

我眼前涌现江南一片油菜花金黄、荷灯草紫红、草苜蓿碧绿、蚕豆花儿活泼泼清香浪漫;又见小菜场上春笋、荠菜、米苋、马兰头、金丝芥、毛豆、青蚕豆、嫩豆苗、草头……我流口水了。昨天大哥打电话来说北京菜场有弥陀芥菜了,我赶快跑了两站半路去早市挤了一番,只挤到两把小菠菜、一大堆小红萝卜和半斤荸荠,等北京有苋菜上市时,就跟"树"差不多了。当然香椿也许已在北京上市,不知卖多少钱一两,北京春天讲究吃榆钱、藤萝、槐花……这些都没法替代苦茵茵的弥陀芥菜,唉,连把小香葱也觅不到哩。香葱与大葱决非姐妹,烧出菜绝对不一样味儿。我让大哥两天后文艺界聚会时别忘了带两斤芥菜给我。芥菜青汤、芥菜饭、爆腌芥菜……呀,怎不思江南,想江南……我虽然生在北京,但我毕竟在上海住家55年！55春之恋，多少往事似雾里花、云中雀，如梦如幻，如火如焰；且容散发着幽香的带露的绿叶儿菜，轻悄悄唤我相思连绵。

罢罢罢，我没有权利让自己和我的读者浪费时间，其实我最馋的是读书。一本商务印书馆1983年版的《英国文学名篇选注》我竟然在半年时间里才读了小半本。一生贫困，匹马单枪，独立编纂《英语词典》达七年之久的塞缪尔·约翰逊(1709—1784)写道："我的生命有一大部分是在疾病的压迫下丧失掉了；有一大部分被荒嬉掉了；还有一大部分是为了筹谋当天的衣食而消耗掉了……"我居然花了大半天时间去挤那可吃可不吃的换口味的芥菜。老实说我真的最馋的是读书。真希望有一天能把只有我自己懂的我的读书札记，略加整理以飨读者，一起解馋。也只是些"家常菜"吧。

1996年3月24日

谢谢翻译家们

近日,香港中文大学翻译系召开"翻译学术会议",蒙系主任金圣华教授盛情邀请,本应随冯亦代赴会,因故未成行;却把"翻译"二字在脑子里亲热折腾了一番。

其实,翻译这一行当与我并无关系。

我出生于1925年,16岁辍学从艺。早年在学校布置的英语习题中,除了测试学生是否掌握名词的单数和多数,例:一把剪刀是多数,许多男人不能 man+s 外,我回忆不出比这更深奥的段落篇章,但我出身在典型的"西风东渐"热潮中的知识家庭,1895年秋,曾叔祖黄体芳、祖父黄绍第、伯祖黄绍箕一同参加强学会,以求中国自强。黄绍箕在北京曾主办过译学馆、编书局。故吾家乏恒产唯多书籍。汉字我还没学全,就攀到大书架上专捡大人们常挂在嘴边我听不明白也看不懂的书来猜着看。诸如:《黑奴吁天录》《伊索寓言》《天方夜谭》……汤姆大叔说什么我懂,叔本华这位叔叔说什么我莫名其妙。《鲁宾逊飘流记》有意思,

《天演论》不知是怎么回事。上学前后,保姆担心我们爬树上房淘气,常带我们去基督教的小礼拜堂,听完约翰福音、马太福音,唱着"我听复活救主常说……"领过牧师发给的油印的福音单页,回家就对着在金边的大厚本《新旧约全书》里找,并把《创世纪》和《爱丽思漫游奇境记》在我的小脑子里剪辑组合,还把上帝第一天做什么、第二天做什么和花木兰东市买什么、西市买什么一起存在自己记忆的八音盒里。没有前辈翻译家翻译之功,就没有我幸福饱满的幼年,我知道国家在战乱中,是在我上小学时,老师讲了《最后一课》之后。

人失去什么就最珍惜什么。我9岁丧父16岁失学后就最珍惜所有时间看书,哪怕在演戏候场的间隙;更珍惜哪怕短暂的又坐在课桌后边学点什么,于是相当数量的优秀文学作品及其中的人物们,伴着我走过坎坷曲折的人生道路,敦促我为文学艺术尽心尽力作些微贡献——由于我的心不是荒漠,不是板结的生地,而是也滋润着翻译文学的熟壤。

千字文,笔画点滴斟入夜光杯,谨向执著的、寂寞的、功德无量的翻译家们致敬,致谢。

1996年4月2日

涌涌红杜鹃

当小木屋女主人徐凤翔在雅鲁藏布江大拐弯一带考察结束时，她又宣布把句号变分号——在北京建立灵山生态研究所、灵山西藏博物园。我咬紧牙根说："我再不跟着你做梦了。为什么要把西藏的植物移到首都来？……"

了解他人工作之目的乃作家本性。好在徐凤翔研究的是有生命、颜色、神态、气息的花草树木，而不是什么线型非线型、UFO之类。我查找有关引种的书报。什么"西麝东移成为现实"，"塔克拉玛干沙漠腹地长出瓜果蔬菜"，还在中国书店旧书部买了本《生物大辞典》，仿佛自己是要报考大学生物系的应届毕业生。别贪心。我告诫自己：除非上帝菩萨胡大联合通知还我三十五载阳寿，休想从文艺串到园艺去攀树修枝。值此春来又是杜鹃花红了，希望有兴趣看看我的有关笔记。

中国科学院植物研究所花卉专家余树勋曾赠我《杜鹃花》一书(1992年11月金盾出版社)，使我得知：

杜鹃花在植物分类学中是一大属,当全世界这一属有800多种时,产在中国及其附近国家的就有600多种。现在全世界已发展到8 000—10 000多品种。

我国杜鹃花之丰富早就惊动欧美的植物学家和园艺学家。先后有:英国罗伯特·福琼于1839—1860年来中国4次;

美国威尔逊于1899—1918年来中国5次;

英国福礼士于1904—1930年来中国7次;

英国瓦德于1911—1938年来中国15次。

而据1995年12月30日《泰晤士报》载:

欧内斯特·威尔逊1887—1930年4次来华,仅在1908年他就收集了1 000棵树(在滇藏山区杜鹃花长着树的身躯——笔者注)枝条和剪枝以及5万多种干标本。

余著中曾写道:"现在英国爱丁堡植物园依然承认来自中国的杜鹃花仍有350多种活着。"英国人没有忘记,说:"没有中国的杜鹃花就没有英国的园林。"

好啦好啦。100多年前帝国主义掠夺中国活化石的历史,两国都有一本账。世事更迭,如今地球村居民以友好和睦交流为宗旨,所以《泰晤士报》文的标题是《植物学家进行回报·挽救中国的杜鹃花》。也还说:爱丁堡植物园对中国植物资源的兴趣超过了杜鹃花一个方面……

至此,想我同胞都明白中国对国际生物多样性的意义和应持的态度了。也会谅解我又坠入灵山小木屋的梦里去了。谁也不愿吵醒我的梦。深圳特区科技杂志小丁女士来说:"深圳现在到处时兴种比利时杜鹃,一年多次开花,我请人带给你。"我梦呓说:"那一定也是中国杜鹃花的后代。"梦耶非耶,处处红杜鹃向我涌来、涌来……

1996 年 4 月 14 日

走前一步的徐迟

冯亦代结识徐迟在1938年,徐迟出版《二十岁人》诗集之后。老辈新闻文化圈里常把他两人连在一起,就像看钟表是把时针和分针一块儿来看似的;但不是因为他们彼此的作品,冯亦代在60岁有了时间以后方始一本正经写作时,徐迟已著作等身了。他们的一个甲子以上的挚友之情,自有他们各自的性格、经历、文字为证,我且不表。

宗英我结识徐迟在1978年,徐迟发表《地质之光》和《哥德巴赫猜想》报告文学之后,在全国科学大会上,徐迟、秦牧、魏钢焰、柯岩、理由和我六名作家以记者身份列席大会,徐迟并不是我们的组长,但他鼓励我们并具体帮助我们选择对象甚至陪我们一起采访、座谈。并不是任何一位作家哪怕是很有成就的作家,也不一定能和科学家谈得拢,有时你连个问题也提不出来,对方说什么你也听不懂,三句半后气氛就凉了,而徐迟却有本事成为我们熟悉科学家的催化剂。徐迟恰似"带头马"、"领飞雁"开发了一代又一代作家写科学家的征程。如今各式各样传播媒介里常见科学与艺术并蒂盛开的花丛中,我忘不了18年前的浅草、蓝天、马蹄试踏、雁翅初掠,所以我也从来没想到我们是多年没见面了,他一直在我的前头,当我犹豫要不要探足某一陌生的学科领域时……

亦代和徐迟一直书来信往,偶尔通电话,只大声嚷嚷互道安康笔健。某次亦代函告徐迟自己将再婚,徐迟劝阻他莫惹烦恼,但听说女方是我,又大喊"好!好!!"今年冬未去春未到时徐迟来北京,避武汉酷寒断电无暖的日子,亦代去看他,我因感冒不敢带病毒去会他。待白玉兰绽蕊紫报春盛花期,我才伴亦代又去看徐迟,带上章含之从医院里让她的远方朋友送来的西点。含之病了很久方有起色,在她的朋友为她送些营养品换口味时,她却让朋友一定先给我们送一大份来,以补偿我们为她揪心掉泪吧。于是,我们又每样挑一半给徐迟分享,并重又在电话里听到含之的欢声笑语,约我们去什么岛还是哪一处海湾……

我向徐迟核对了他的近作。从1993年以来,计有:《江南小镇》(1993年3月出版,567千字),从自己出生写到1949年。《徐迟文集》一卷~四卷,共计99万字。而且我还发现在1995年3月出版的《音乐爱好者》和《音乐艺术》等杂志上,他居然译了一本《蓝胡子的城堡》独幕歌剧。当问到他:将要写什么?

答:①《江南小镇》之二,从1950—2000年。②《自然、地球、人类》。③ 其他与高科技有关的短文章。

亦代说头一次见他时,他大谈年迈的地球与外空星球的关联；这回，他又笑谈陈章良、谈遗传基因工程。他说他更多地是鼓励年轻人去写，每次访谈都有中青年作者在座……

人比人，奋起人。在82岁依然披云簪月穷年的徐迟面前我岂敢自言衰老?！面对徐迟，我仿佛见到童年时大人指点我看的比鸡冠花还高的红梗红叶红穗的植株——老少年。我深知我眼前的这位诗人、作家、翻译家，心中笔下尚有激流浩瀚浅水漫长广漠森森的中外诗章，更难得他依然是"带头马"、"领飞雁"牵偕幼驹雏雁奔驰飞翔，并与我们携手互勉乐呵呵奋力终极跋涉。

徐迟，与他的姓名相反，不徐不迟，却永远在思想和写作上走前一步。

1996年4月22—25日，第26个世界地球日之际

心到就好

哪一茬流感也饶不了我。大前天整日卧床,服阿奇霉素压深咳,今晨正托着昏沉沉的脑瓜想写出个从未要写的什么之类,电话响了,是女友徐凤翔从京郊门头沟打来的。人称森林女神的她两天前从南京回北京来我家取门钥匙,我没许她进门以防感染,虽然她说她是从来不感冒的,试想森林女神打喷嚏是几级风?我问她:"老范呢?"老范是女神的丈夫,植物化学教授。她说:"他等我西藏回来再来北京。"……又要去西藏???!!! 第十九年入藏。她在电话里说为去西藏的事还得进城找谁谁谁,她就要出门"打的",来我家弯一弯。

我问:"这两天你怎么吃饭?"

她答:"这两天没怎么吃饭……昨天买过一个馒头。"

我说:"那就在我家吃中饭,用一次性碗筷自己吃。"

说不准,闹不清车从哪条路走,随便给我留点剩的……

一家子感冒怎么能让女神吃剩的。已经九点半,阿姨已出去买菜、上邮局、药房。我赶快打开冰箱找到两块炸鸡腿切丝,又摊蛋皮切丝、香菇切丝,还好一早就把米粉丝用温水泡了,起了油锅……阿姨正好买回绿豆芽,赶快洗净一并炒了。香喷喷油汪汪的温州式炒米粉干在锅里焙着,十一点多女神还不来,我对阿姨说,看来是先去南城了,你煮锅大米粥放点红豆……说着我就把油锅里的炒粉全盛在大饭盒里了。"饭盒想着让她拿回来。"阿姨就老爱唠叨盒啦、罐啦、瓶啦回不来。

下午快两点徐凤翔进门,我赶忙点火热粥,空肚子别先吃油腻。她一边狠吃泡菜一边说灵山的黄牡丹长叶子了,什么这个籽那个根快萌动了……我又惊讶又欢喜又忙着在冰箱里翻查不用蒸煮烹炸的食品,好让她带回门头沟,并在过道纸箱里摸出几个苹果橘子说:"没多少日子你又要进藏了,老不吃饭怎么顶得住。"她说:"把那干鱼头鱼尾也给我吧,好啦,够我吃三天的了。"我洗着手上的油腥说:

"等我感冒好利落了给你去做饭。"

"你来看咱们的苗,咱们的苗。"徐说。

好个咱们的苗。西藏运来的苗木在北京灵山活啦!暖冬里小苗木活过来了,可是经不经得起春旱和酷夏……

此番徐凤翔第十九年入藏再度进军雅鲁藏布江大峡谷,我是被"罚"今生不能"参赛"了。我说:"我连代你照看从西藏移到灵山的花木苗的资格,这辈子也难以取得,隔行也隔着千山万岭。"

"心到就好。"女神说:"我也未必是走得成哩!还有许多难题……"女神也不是什么都能办到,也是心到就好。

想着还是像在山林里似地给她炒一大锅面,搁点儿核桃、花生、芝麻、奶粉、豆粉、藕粉搅一块儿……她当然不是没钱吃饭,而是没有钱换不来的功夫,虽然功夫有时也真换不出钱来……到底炒几斤面粉? 我打电话给另一位只身闯西藏与古格王国尸骸对话的小女子:

"巴荒,有饭吃吗?"

"啊!! 怎么?? 该吃饭啦?"

"该喝下午茶了,如果在英国的话。"

"我完全忘了。我今天……"我不听了。说起巴荒来写一大本书也不够……我只往锅里添面粉,一想不成,过海关时别当是毒品。面粉变色出香味了,我翻着炒勺叹气:"管不了属神仙属仙女的吃不吃饭了,心到就行了。"

(注:徐凤翔等一行已于前两日进军雅鲁藏布江大拐弯大峡谷。)   1996年4月30日

匆匆一掠中州

"这座商城大厦和上海的商城大厦有什么连锁关系吗?"我问郑州越秀酒家派来接我们的颇不一般的驾驶员巴鲁——他当过兵,也从源头到水尾飘流过长江和黄河,幸免一死。

"完全没关系。"巴鲁说:"这地块是商朝都城旧址,所以命名商城大厦。"幸亏暮色霭霭霓虹烁烁遮住我羞红了的脸。虽然来河南前,我匆匆去附近中国书店买来《中州大地人物志》和旧书《中国考古》之类,还翻了翻冯友兰的《中国哲学史》以及有关佛教和禅学的书,并把我国历代纪元表又一次简略摘抄在随身小笔记本上,可脚还没沾地又记不起算不清商朝距今多少年了(约前16世纪—约前11世纪)。来时心存忐忑,深感不谙混沌初开上古传说、考古遗迹和中国上下五千年的历史,来到中州正如《论衡·谢短篇》所言:"知今不知古,谓之盲瞽";而"知古不知今"本人亦兼而有之,病痛缠绵,闭智塞听久矣,也还渴望在走得动时多明白一眼。

车抵越秀酒家。我不敢问此越秀与广州越秀有什么关系了。

其实也并无关系。可能是年轻的董事长崔乃信认为卓越与优秀是人生之极致追求吧。越秀酒家创立举办学术讲座已办到第四十五期了。此番请冯亦代来讲翻译、易杰雄教授讲哲学；什么专家也算不上的我来讲讲近年自己做了什么，想了什么。讲座由沈昌文先生主持。依我观察崔董是最佳听众，不管他多忙，他静静地听；他请我们吃满桌的美味海鲜，他不上桌，却不知什么时候又坐在小厅沙发一角，饶有兴趣地听我们谈话。他好学可不是一天半天的事；只因为他以前老是去郑州新华书店买书，认识了书店薛正强经理，七来八去地就把书店请到酒家二楼的中心位置，店面不大却极雅，是精神营养品——高档次书籍的展示和流通中心，这在中国也是创举。

　　托崔董的福，由主人之一——河南郑州日报周末版主任编辑冯小霓及记者新秀一起去参观仰韶文化大河村遗址、黄河口、嵩阳书院、少林寺、龙门石窟……在洛阳的牡丹丛中过了"五一"节。5月2日，我在越秀酒家二楼室内乐坛与河南知识界谈心。我能给予的微乎其微，而我吞进的满腾腾溜边溜沿。我总算一掠华夏子孙心向往之的中州大地，与伏羲、女娲、达摩……交臂而过，得到他们的祝福，古籍对我不再过于遥远、陌生、冰冷；而河南的新貌，通过越秀酒家的书店、讲座、老板、司机、服务员小姐们，以及通过讲座认识的新朋友们，为我打开了一扇小窗。窗外山月升腾，云气流霞，不知那盛开着泡桐花的大树下正衍化什么新的故事，摄我心久久思之。

1996年5月21日

我被叶君健吓着了

小时候,我从安徒生童话认得了叶君健(本人记忆如果与叶君健创作年表不符,无关国计民生)。40年代,严寒的冬季,上海街头路边大楼底下每天早上都有"路倒"的大小尸体,我先是在孤岛时期苏联广播电台的昆仑星期晚会上播讲"卖火柴的小女孩";1947年冬,我又在舞台上叙读演饰"卖火柴的小女孩",赵丹导演。冬夜,我穿着不蔽体的破烂单衣,赤着脚走在当年虹口上海戏剧专科学校的后台,差点被女舍监赶出来。当"最后一把火柴"熄灭,舞台幻景出现,我在灿灿晨光升起时刻微笑着闭上双眼,可是眼泪不听话地流下来。第一次谢幕,是我从地上爬起来鞠躬;第二次,是请导演出场,我把他让到前边,一起谢幕;当大幕在掌声中第三次升起,我想译者叶君健能参加谢幕就好了。我想不出译者什么样儿,也不知他在哪儿……

以后,我给自己的女儿、儿子讲安徒生童话;再以后,我给孙子孙女讲安徒生童话。是四年前吧。当我给小外孙女简妮讲完

"海的女儿"变为海浪的泡沫后,我们祖孙二人半天不吭声。我不想跟小孩子说,可终于忍不住告诉简妮:"这位奉献了自己的一生,为人们带来光和希望,也为中国孩子翻译了全部安徒生童话一百多万字的叶君健爷爷,也快要永远地离开我们了。他得了治不好的病,住在医院里。"1992年下半年盛传叶君健已拖不了多久了。

"他会死吗?"小简妮问。

"他会像快乐王子一样,住在上帝的金城里,看着我们。"

转眼到了1993年的冬季。我陪冯亦代出席某个聚会,轻轻松松吃着自助餐,招呼着老朋友和年轻的小伙伴。我突然惊奇地注视端着满满一盘食物刚点头走过去的挺帅气的老作家的背影,我怯怯地对亦代说:"吓我一跳。这人像叶君健。我以前在中国作协开会时见过叶君健,好像啊。""吓什么?他就是君健嘛。什么好像?!"亦代说。

"叶……君健……不是死了吗?"

"谁说叶君健死了?"

"都说……"

"没死,活过来了。"

没死!!! 我跑过去和刚放下盘子的叶君健握手:"君健大哥,君健大哥……"我不知该说什么,总不能说:"真高兴你没死。"我只能说:"你多吃点,多吃点。"

亦代告诉我当年北大医院为叶君健做切除恶性肿瘤手术时,进行CT和核磁共振检查,观察到癌细胞确已严重扩散;唯一可能延续存活的是冒险进行多倍强剂量放疗,也就是"死马当活马医"。

"家属敢下这样的决心也不容易。"

"苑茵是很刚强果断的。"

"苑茵是他的夫人吗?"

"怎么你不认识苑茵?"

比我大12岁的亦代总认为他熟识的人我必定也熟识:"我很愿意认识苑茵。"我说。

1995年国庆节前,我家七重天小屋里涌来一摞又一摞新书。我和亦代也忙着给朋友们寄新书——"秀才人情"是我们最喜欢赠和受的礼品。

"叶君健一下子送来几本新书?"我问。

"好几本。"亦代答。

"好几本是几本?一、二、三……哎呀,一下子出五本书,可又把我吓着了!……1914年生,二哥,他只比你小一岁,生命力那么旺。你看:

《冬天狂想曲》西安出版社1995年6月第一版

《叶君健近期作品选》湖南少儿社1995年1月第一版

《天鹅》长征出版社1995年6月第一版

《白霞》华文出版社1995年7月第一版

《雁南飞》海燕出版社1994年1月第一版

一共送来五大本!还不算中国工人出版社送来的中国翻译名家自选集叶君健卷《阿伽门农王》1995年8月第一版。呀,呀,还不包括在许多新版的童话集里有他写的序、他出的力……今年不久还将由长城出版社出版他与夫人苑茵两人写的合集《金婚》；他自己的新作中短篇小说集《相逢在维也纳》，今年秋天由长征出版社出版；以及还来不及觅婆家的三十来万字的散文集《烟霞晚唱》。可1996年还没有过去一半……

难道他有本事担山赶太阳！

人群是一个大的磁场。当你熟识的朋友们撰辔高高驰翔，你也就不能勒马收缰。

1995年10月16日上午初稿
1996年 6 月20日上午定稿

我 嫉 妒

我嫉妒。

两年前,也差不多是在不冷不热的花开时节,我在越过西藏海拔4 950米的米拉山巅之后,不行了。我去阎王殿逛了两天两夜后重返红尘。我撑持着站不稳的身子,被端到马背上又随着我国著名女生态学家徐凤翔的考察队和北京电视台摄制组,向雅鲁藏布江大拐弯世界第一大峡谷南迦巴瓦峰方向挺进。一路人或考察、或拍摄、或采访、或联欢;我却在镜头不对着我时(甚至诚心对着我时)躺倒、吸氧。一日来到波密森林保护区林间空地,大伙将去达卡湖畔,我却留在大本营烙饼,眼见人家一个个气宇轩昂有说有笑地出发了;尤其是在北京被我一向认为是娇弱女子的随队女记者初小玲,她一路边走边服侍生病的我,还帮别人洗衣缝补烧开水沏茶,更一路不间断地发出电讯文稿;真让我……唉,不由得妒从心头升,我猛地从石头上起身跑到路口,大叫:"初小玲,站住——"小玲回头:"黄老师怎么啦?!"我狠吸一口气吼道:

"我——嫉妒——你。"小玲一愣忙又机灵地调侃："你乖乖的吧。嗯啊。"我喘着大气瞪着小玲窈窕的身躯健步远去。

后期剪辑时，拍下的我大喊"我嫉妒"的镜头引来争议："这有损老太太形象。""嫉妒从来不是美德，剪了好。""留着好，真实就是艺术的美。""不能留。"是留着还是剪了我至今闹不清，回京后我又进入低原反应了。种种后遗病症闹腾了两年之久，只近来方略有起色；可徐凤翔和初小玲等又结伴进藏了。她们在4月底5月初相继出发，舍小弟黄宗汉保驾摄制组也到了可通电讯的大本营林芝。我更不该嫉妒的是还有一名更年轻的女记者小王说去就去，她随徐凤翔到达林芝的高原生态研究所后，又去了藏南、藏北……

5月22日，藏行队伍生还北京。我在5月23日从长江中（没写错，是江中）返京后，打电话给宗汉，他在睡大觉，弟媳妇（护士）接电话说："小毛（宗汉小名）体重掉了6公斤，睡得推也推不醒。"我忙说："注意他的脉搏，注意低原反应睡过去。"宗汉没睡过去。第三天就在电话里气我："三姐，我比你走得远，去了排龙。""我好像也过了排龙。""那你没碰到大坍方。一个劲老下雨，眼看泥块、石头、雨水往公路上滚下来，我把高原反应也忘了，忙着坐车到了排龙，一看人马器材都堵在公路那头了，可以错两辆车的公路看不到形了。制片主任和我冒着雨从两头探着泥浆会合了，又握手又拥抱。一商量，决定先撤人。要不然泥石流下来，把人卷走可糟啦。小玲一脚深一脚浅地趟泥。路基松了陷在泥里漫过膝盖，好容易给拽过来了……有一次堵车，我整整七个多小时没吃没喝……"他侃历险记侃得兴高采烈。我呼叫小玲,小玲头一句就说:"我比上回可适应多啦……"愈加意气风发,想必又将大写特写好文章了。

小王来看我,赠我一串从西藏买来的松耳石的碧蓝翠绿的项链。小王本来就知书达礼又干练洒脱,如今更仿佛体内安装了无级变速器。声音、话语、行动都加挡了。她说过几年她还将去西藏。"过几年"——好奢侈的富有者。项链压不住我的心为嫉妒而加速搏动。小王有着记者血缘遗传因子。记者——在我看来是文学界的探险者。我不嫉妒徐凤翔,她已经是第十九年入藏;正像我不嫉妒宇航员、潜水员,我只嫉妒握笔的同行们。假如我像小玲只不过人届中年;假如我像小王才不过二十多岁,假如小我六岁的弟是我哥,假如我上次不闹病……

罢罢罢,没什么假如了。海拔2 500米以下的国土还多得很。你们去拍摄峰高海拔7 782米的峡谷奇观,我也见了"头顶一江水"低于汛期水平面的扬子江波涛里的一座小孤岛——扬中。

想知道扬中多么美丽吗?想知道扬中人创造了何等的人间奇迹吗?不告诉你们。起码暂时不告诉你们。哈哈。

1996年7月2日

夏练三伏之乐

每年入伏,我都感到自己身上心里都生发出隐秘的亢奋,总是想找些使自己汗流浃背的事干上一通。这必是被戏剧界"冬练三九、夏练三伏"的格言训语浸泡了一辈子形成的"天性"了。我觉得自己并不是"自虐型"的人,不管在什么境遇下我也还是会找乐的;而能坚持"夏练三伏"一乐也。

我觉得"冬练三九"比"夏练三伏"较为容易;因为寒冬腊月,习武不练冻得慌,学文练起来可多加衣服,如果不许多加,那练的是异功,不是常规。而三伏,太容易使人昏头涨脑,恨不得整天泡在游泳池里或倚榻纳凉了。反正特别考人的意志。尤其对我们这种享受全额工资又不会再应付任何考试的老人,真是何必坚持"夏练"!但我却不敢生"何必"之想。因为我还活着,各项体检指标虽都玄乎或不及格,只如果不猝死于车祸,仿佛还有得活哩!年轻人看我是不是遗老?我不敢深究;因为信息时代本身连"遗少"都日益剧增呢!时代为全球人类设下无边无沿的考场,人人在劫难逃。

暂时撂下这大题目，只说说平常心情。

每逢盛夏来临，乃至在我有机会享受避暑之前，我都会琢磨如何利用此时机，去完成一项平常难以持续去做的对我来说是艰巨的事。如果我竟然不这么想，我就断定自己真的病了，实在老了，快完蛋了，没有希望了。

人生最大的快乐，是克服困难之后的胜利。每个人的人生具体目标不同，困难有深有浅，胜利有大有小，但享受如是快乐的权利平等。

按干支纪日法，这个丙子年的三伏折公历，是从7月12日入头伏到8月21日处暑出伏。掰着指头算，头尾共40天吧；应该可以拿下一个战役了。

亲爱的朋友，不管今夏气候给予各地各行各业的考验如何，愿我的心与你们相伴，抖擞精神练三伏。

1996年8月12日

冬草之歌

可识冬草？可见过暴雪白灾把天和地封杀而冬草犹青？不是神话、不是传说……

在不太遥远的年代，有个叫孤家子的山村，住着一门三代人家。祖先是被贬到东北垦荒的满族小官，宁折不弯的血性隔代遗传给冬草姑娘；她的祖父母是勤劳的农民，大伯母却是骄横霸道的瘫子。冬草父亲出走后，只母亲不畏虎狼上山下地养活两个幼女和她们的失明的外祖父。大伯母为了霸占几亩沙地便再三欺侮冬草一家。破衣烂衫"土得掉渣"的小冬草天不怕地不怕，一对眼睛像夜空的双星。冬草白天带着大狼狗大黑上山挖野菜，晚上跟着瞎了的外祖父识几个字。天旱，冬草被绑了去要祭龙王，陡地雷响雨落捡了一条小命。一夜大伯的儿子来放火，被冬草滚火扑灭；大伯母又施毒计：逼冬草母亲做大伯二房，并打算杀了瞎子卖了冬草姐妹。冬草一家只得离乡背井逃亡到沈阳。见烟厂招工，幼女冬草竟险些落在烟厂日本老板色狼爪下，亏得冬草飞快逃跑。在陌生的城市里母亲做苦工,姐绣花缝衣,冬草接送活计窝在贫民窟艰难度日;接着,全家商量后让冬草进了小学。

尔后,少女冬草跳班考入女中,正上课时一声巨响,房倒屋塌、警哨四起;贫民窟死伤无数惨绝人寰,这就是"九·一八"事件。日军占领东北后,学校挂上"膏药旗";冬草同桌女同学也失踪了,等到冬草找到她时,她已被大汉奸强迫做了姨太太,她要冬草快快离开,冬草看到她家的空屋里挂满人头,心都要气炸了,坚定了"打回老家去"之志,历尽惊险去到北平,找到东北教育救济处考进了竞存中学,在东北流亡学生的大家庭里得到成长。

"七·七事变"爆发,北平沦陷,冬草再次流亡到武汉,不惧饥寒交迫、忍看满目悲怆,却万万没想到在武汉又被某军阀相中骗去险些做了"压寨夫人",幸而冬草机智地逃脱魔掌。冬草参加了战地服务团护理前线退下的伤兵,又不料被迫接受反共培训课目,幸有人相助虎口脱生去了四川。几年来她的同学死的死亡的亡,失踪的、光荣牺牲的、自甘堕落的、去根据地的……使她更加明确自己应走的道路。冬草进了成都的四川大学外语系,又转到重庆的复旦大学新闻系读书,得到系主任马宗融等进步师生的帮助和地下党在白色恐怖下时断时续的深切关怀,不但学业有成并做了大量革命工作。姑娘大了,出落得太标致了,追求她的人也多了,毕业前夕,她拒绝了身居高位而富有的三位男子多年的纠缠,不改救国救民于水火的夙志,没有考虑自己爱情的归宿。一日,在教室门外听到英文讲课耳熟的音色,呀,是一位她曾经见过的年轻教授,下课铃响两人碰面,教授请冬草进了家饭馆,只叫两碗担担面,冬草怕辣尝一口便放下了,那教授却拿过去吃得滴汤不留,冬草忽有所感,脸红了……一年后,冬草和穷教授结婚,竟有 200 多位文化名人自费聚餐祝贺。他们过了金婚纪念,小说《冬草》诞生了。

作者在尾声里写道:"这是一部基本上纪实的小说……一个平凡人在一个苦难而又伟大的时代留下的一点痕迹。"天! 好个平凡人。

读者想知道在现实活生生的恶与善、丑与美、贫与富、残忍和宽厚的殊死搏斗中,这位玉立亭亭的冬草是谁吗?

被美丽、热情、果敢、聪慧、纯挚的冬草倾心相许的年轻教授又是谁呢?

冬草原型:苑茵。1919 年生于辽宁本溪一个偏僻的孤村。大学毕业后当过职员、秘书、英文教员、做过翻译工作,为中外文化交流作出贡献,现为北京市文史馆馆员。发表过《二度童年》和《孤村的梦》两部儿童作品。

年轻教授原型:叶君健。读者当然熟悉。

1996 年"九·一八"前夕

好个新凤霞

那天,《吴祖光新凤霞诗书画集》首发式上午9时假文采阁举行。我和亦代8点钟就顶着寒风到路口拦出租车,不是路远,不是怕堵车,就是想早早赶去,表示我们对他们夫妇的友情和尊重。本以为我们可能是最先到的,没想到不大的会议室里已坐了不少亲朋好友和嘉宾。签过名,领了《诗书画集》,我坐下来翻开书,鼻子一酸,眼泪就要往外涌⋯⋯幻觉中我看到了吴祖光几十大册震撼艺坛的戏剧电影剧本集,看到新凤霞的数不清的评剧录像带、影碟;活泼泼的刘巧儿牵出了一个又一个光彩夺目的女性形象和着婉转入云的唱腔。而这一切都金不换地换来了——该来的没能来,不一定非来的又在艰难险阻中来了——这7个印张的诗书画集,分量是这么沉这么沉。不仅是爱的结晶、悲的沉吟、怒的爆发,更是志的神韵。只要你把他们夫妇几十年的坎坷,和诗书画一对映,就不能不心疼不掉泪。呀,不能掉泪,凤霞来了,坐在轮椅里被祖光推了进来,凤霞微笑着,甜甜的,我可千万别哭,今天是大喜的日子……

拎着赠袋回家,我又仔仔细细看了每幅画、每句诗、每款书法,不时用纸巾按着涌出的泪、轻轻地擤着鼻涕。亦代在赶稿子,我们只一间小屋,我不能妨碍他,越忍哭就越头疼,像嚼薄荷糖似的吃了不知多少片止痛片。

第二天,我又从赠袋里摸出了凤霞写的《皇帝与新凤霞》,凤霞实实在在活灵活现地叙述一生从没劳动过的末代皇帝溥仪,在"文革"中和她一起劳改时发生的许许多多意想不到的滑稽事情,惹得你不能不笑,简直要哈哈大笑。可亦代还在赶稿子,我只得往肚子里边笑,笑得肠子直打绕。我捂着肚子翻抽屉,亦代问:"你找什么?"我答:"找抑制肠蠕动剧烈的药片。""怎么胃又不好?"我咯咯咯咯笑个没完了:"是凤霞惹得我……咯咯咯咯……这么个写法,只有当过好演员,又写过400万字好文章的凤霞勾勒得出。"真的,她直觉地把大悲剧和大笑剧统一得天衣无缝,一笔不多,一划不少,立体、全景、特写、交流、反应、节奏、猛刹尾,干净利索。

今天亦代赶完稿,我难得替他誊清。让他看《皇帝与新凤霞》了。一阵阵他笑得前仰后合、笑得岔了气、笑得站不起来,我也越誊越不清了。

一个人怎么活过来不容易,能写出自己和周围的人怎么活过来就更不容易,我怎么就不如凤霞呢?!好个凤霞妹子惹我哭了笑了还冲我耳朵根儿抽了个响鞭。

我得好好琢磨琢磨。

1996年10月10日

有病不呻吟

女友生态学家徐凤翔又出发进西藏,去往雅鲁藏布江南迦巴瓦峰的世界第一大峡谷做秋季考察。她去西藏简直就跟到隔壁弄堂串门似的。一十九载啊,这位江南女子对西藏的恋情痴迷如初。

两年来我不曾妄想第四次进藏,虽然我常常翻看卷了边边角角的有关藏东南人文资料的阅读笔记;那本是我第三次进藏时准备做人文生态考察的,没料到却从此与西藏生别离不能再见。两年多来我拼力与病魔摔跤不肯认输,今夏居然能在海里断断续续游上二三百米了,自己觉得已经康复。就和灵山山沟里三个大小子巨山、巨坡、巨岭约好,带上铺盖住在他们父母家炕头上,亲身体会体会"京都第一峰"山里人的日子,还挂钩联系明春往西北大沙漠中探访沙产业的进展。我当然不再可能穿越大沙漠,但能够种植的地方总是有行车的路吧。我的优势虽微但曾亲身跋涉过无生物区荒漠后能目睹早已绝迹的绿之重现,做个笔证也好。我与各有关方面联系说的都是保守可行的计划安排，却万万没料到我从北戴河海滨回北京后旋又病倒：坐着站不起，起来坐不下。我问外科主任："不记得有什么大动作致伤，怎么就寸步难行了呢？"主任说："年纪大啦有时在不知不觉就伤了，譬如手抬得高了点儿……"算啦算啦不说啦，咬咬牙打头来过。

说不说又想说，我和我的朋友们都拂不过时光为我们增岁可能带来的新问题。著名女歌唱家邹德华打电话来，我问她："你刚参加演唱了吧，我从报上看到。"她说："哪里，我在机场摔了一跤骨折……"无独有偶，著名翻译家梅绍武也在机场摔个骨折，就是因为有个旅客弄翻了一桶油在地上；连从来不生病的丁聪也因肾里发现异物，不得不成天往医院跑；而因肾病几度告病危的章含之却又鲜龙活跳了，刚刚由朋友陪伴为我送来几大包营养美食。她依然美丽爱说爱笑。想到我为她落了几次泪，还嘀咕写她的祭文可不好写而睡不着觉，一切真像一场梦，一个奇迹。

不过，老来自己究竟如何应对疾病，自然而然竟然霸住我的大脑挥之不去。

《西藏绝唱》里的林芝工布箭歌，在我耳边鸣响。年轻的汉子在吉祥之日比箭显威风，唱着：我不射靶子的边沿（拉斯纳），这种箭术太差会羞愧；我不射靶子的红线，这样的箭术虽好但太一般；我要射那靶子的黑色中心（哎，巴扎嘿）。

我从来不是年轻汉子，也一直病病连连。

每个人都有自己的人生之靶。

也许确实到了我该调整靶距的时候？

多半生田野漫游,游润了我的笔,游出了我的荧屏形象,漫游与我的事业与生活方式血乳交融难解难分;要我脑子从此不想四野和远人,足仅限于左近胡同,我简直不知该怎么活。就是具体的计划必得改变,也总不能散了精气神。不管。哪怕此刻我只能活动在八米十米的范围,只要我能拉开思维之弓,当然也还要把箭对准五米外黑色的靶心。

1996 年 10 月 20 日

开 学 了

每年 9 月 1 日开学的头天晚上我都失眠,于今犹烈。

我都 74 岁了,孙男孙女又不在跟前,只一个 85 岁的病老伴时刻离不开人。年前我还在大学进修,是为了一个跨世纪的写作规划做前期准备去上学,现在绝不可能了。

像没吃够娘奶的娃儿要嘬拳头,初中毕业就辍学走上社会的我就馋念书,我不跟别人比,只求自己"明天"比"昨天"多学到一丁点儿什么,如此就在"今天"猛使把子劲。

今年今天,洪灾区的帐篷小学都开学了,我就读的大学也一定有灾区的新生来报到,可我不得已而辍学,自己生病也许还能挺,亦代第五次患脑梗塞出院后,等于在家里开了家庭病床,我成了不称职的护士长,他的血压经常在警戒线之上,我怎敢外出。

好在还请得起也碰运气为冯找到一位有初中文化程度女护工俞小娟,分去我一大半的常规护理,我才能"不离岗"分心自学。我说的学,是知识分子正常的文化饥渴,习惯于日有所进:如文化素养的补充、自然科学基础知识的补课、新视野的扩展；却万万没有想到其实最分心的是没有纳入学习计划的、也算不出课时的全国南北大洪灾！到底长江一年发多少次洪峰啊？都第八次啦！会不会和八月十五涨大潮接通？只听说"江水不犯河水"，没听说"海水不犯江水"，哎哟，我别瞎操心，从今天《文汇报》"本报武汉8月31日23时专电"里套着的"新华社北京8月31日电"都写明第八次洪峰没有第六次大、最后关头字样，前两天强调大灾必有大疫，今天报道湖南省卫生厅防病情况出现大灾之后无大疫字样，我想是不会有第九次洪峰了，本来可以打个电话给这方面的朋友，我不会以自己的无知给大忙人添乱，就是亦代没病我也不会要求人家架着我去抗洪抢险前沿了，不过如果徐迟若活着，他可以"百岁挂帅"上阵，50年代，他就是为探索当代治水大工程而从北京移居武汉。暮年，还白发苍苍登上葛洲坝水库的小船；他若知道有这么一场大战等着他，他就不会撒手不管了。现在且容我翻阅报章、盯着电视，跟踪好样的同行小将，在生死决战关口，捕捉人间至壮、至险、至悲、至痛、至爱、至情、至美。啊！用那么多形容词使朦胧淡化一个不忍写的惨字：大自然的报复竟然残酷若此！！

　　留点精神，晚上中央电视台直播"我们万众一心——抗洪赈灾募捐演出晚会"；还得防着二哥又因激动欷嘘不止，不过，敏感性是脑神经的测定表面现象，说明他尚正常，只不过比以往难以克制，可又何必克制？"老小老小"嘛。

1998年9月1日于北京

子夜续读

　　子夜醒来，睡不着，到快三点时索性悄悄起来，轻轻兑了点儿开水在凉水杯里，掏出三块苏打饼干蘸水吃，抵住胃微痛，就点亮床灯接着看《葡萄牙当代短篇小说选》，下午看了几篇觉得挺好。若不是澳门文化协会邮来葡语作家丛书（中文），我是不会主动去接触葡萄牙文化的；若不是澳门明年回归祖国，我早把这个国家忘了，何论她的人民和文化；记得的仅有初中史地课里侵略被侵略的国家关系。国家——人民——文化，从来应有所区分，国家与国家关系百年来也在变化着……

　　既然我正不知该看什么好，就放下手头看不进去的《加拿大文化史》，去"游览"葡萄牙吧。昨天想了解一点葡萄牙概况，在《世界史纲》里也没找到，再说吧，也许真该早点上网，争取吧。一知半解总要闹笑话的。

　　8月28日，我摘记《加拿大文化史》中《尤玛哈克之歌》句：

我无所事事
春天又来临
我的鱼钩没钓起
一条小鱼
我心里发闷
我无所事事
炎夏又来临
丈夫没猎获
到驯鹿
我心里发闷

  这小诗颇似二哥和我近日心境，我又注：驯鹿应改麋鹿，惜未见原文；但驯鹿何必猎射，况有《黑麋鹿如是说》之典，可证北美洲印第安部落是有麋鹿的。自以为有所发现：亏了凑巧翻阅《世界史纲》才知道远在旧石器晚期即有驯鹿时代文化，在99页写有：驯鹿时代各种族的人……除了马以外，任何动物也没有驯服过。只是我并不懊恼"坐井观天"，读而能思，哪怕错了，尚有望终有所获。

1998年12月24日

多好啊!

我应上海音像资料馆之邀,来沪作《黄宗英散文说讲》,在北京曾狠狠地准备了一通,说给唯一听众冯亦代听,说得他一愣一愣,一会儿大笑,一会儿热泪盈盈,卡秒表时总往可能播出的时刻设想,其实我录的是资料——把声音留下来,好惨,不能把声音放出去吗?先不管,广播电台又不是我开的,有几个广播电台想试上这个项目,都担心收听率不高。中国是个散文大国呀!散文不但可以净化人的灵魂,也可以使浮躁的心情安憩舒坦。

我4月28日,先去华东医院取药,感谢医生给了我可以正常工作的健康条件,只上下楼梯走在路上还需人搀扶,蛮好啦,我已经病了两年了啊!29日进录音棚录《但愿长睡不愿醒》65分钟节目,两小时左右完成,导播和录音师说我接近广播员录单项节目标准,我心里一块石头落地。回想1999年6月我还管衣服扣子说成钉子,深感只要咬牙努力,人的康复潜力是让别人也让自己惊叹的。30日,录《我的童年4则》及《冯根生的青少年时代》,共

45分钟,很轻松拿下来。5月1日,踏着节日的生活步伐,录《七彩的故事》和《我上大学》39分钟。此行任务全部胜利完成。我希望下次多录一些可以播放的节目,至于留不留得下来,要经过广大的亲爱的听众筛选。带着希望我飞回北京,那边有儿童故事片《会飞的花花》等着我。我将与小朋友们和公鸡花花一起飞翔。多好多好呀!

2000年5月25日

致电影《家》的伙伴们

亲爱的好伙伴们,亲爱的天涯海角知音们:我好想好想你们呀!虽然脑病害得我整日迷迷糊糊,心里倒也明明白白。往昔青丝做伴而今白发重又聚首,只不知乍见面时将会拥抱欢笑呢还是号啕大哭……唉,亏得病了,躲了这人生最难演的一场。但还是感谢上海市政协和加州锦秋上海房地产公司给了我们团聚的场地和热情的接待。我的心正飞向你们——广场上、天空中有鸽群穿飞,你们可认出哪一只白鸽是我?

还记得湖边荡桨咱们唧唧咯咯笑个没完没了,摄影师许琦早已挽起裤腿站在湖中,导演叶明踩在湖滩上,妮妮关照我们文雅点儿、抒情点儿;导演陈西禾博士倚老树摇头曰:"岂不闻笑不露齿闺训,表兄弟姊妹间亦不得恣肆调笑乎?"咱们更哈哈大笑不止,笑得险些把船儿划翻了,湖水也笑得绽开快活的浪。那时候,咋那么爱笑,无论什么惊险场面,无论总导演张骏祥来不来,现场常因我们笑场吃 NG 重拍,大白鹅,大白鹅也常来轧闹猛。

其实拍电影是挺苦的差事,在无锡我们住在狭窄的小木楼里,我和丹凤、瑞芳同屋,马桶就在床边,每天三点钟就得起来化妆,可我还兴致勃勃作打油诗,什么摘下天边的月亮当眉毛,任朝曦染红我们的双颊……还刊在上影画报上哩。

至于我设计梅表姐未嫁时的化妆造型,说也浅显,我只力求面孔笑眯眯,体态结结实实,当即遭众议。化妆师达旭为难地说:巴金小说里和以前把梅表姐演绝了的大明星们都强调病态美,你怎么想得起胖乎乎。我跟达旭争、更与导演争,说:"演员有再创造的权利,恋爱中的少女梅可以是胖笃笃福气相的。少女时期在影片中一共六七个镜头,我只 90 来斤,还能胖到哪儿去,我要强调的是福相,否则岂不是天生命薄。"导演们笑笑首肯了,我立即去药房买"胖得荣",那粉末冲了一股怪味儿可难喝了,难喝也硬喝。在面部化妆时,我请达旭把我眉毛眼睛嘴巴全画成圆的,还请梳头阿姨给我盘了一对漂漂亮亮的大双鬐(传统造型照片)——这一切都为的是显示梅本应是幸福的、快乐的,她绝非天生薄命,是封建恶魔冯乐山和拼死保守决不许时代前进半毫厘的高老太爷以"爱护者"的尊严面目(也包括他们的爪牙们),残暴冷酷地碾碎了觉新、梅、瑞珏、鸣凤……的青春爱情和生命……于是以觉慧为代表的反对封建的意识由觉醒而奋抗了,觉民和琴也在觉新的支持下,逃离家庭。可是"以孝为先"的觉新终于保护不了瑞珏和海儿,终于成了封建势力的殉葬者。

可是,这一出反封建的进步戏剧,这一本要鼓舞一代知识青年走向革命的小说原著,却在"文革"中遭到当头首轮猛烈大批判,巴金竟成了一贯宣扬封建的反革命分子,在粉碎"四人帮"后尚迟迟不予平反,巴金家毁妻亡儿女星散,可巴金淬炼成更刚强的巴金。他以98岁高龄依然高举反封建的帅旗。

　　说到《家》,我不能不说,大家也决不会淡忘是赵丹紧接《家》影片的放映就郑重排演了话剧《家》,他那认真劲儿、细致劲儿,发动众职演员集体对主题与细节探讨之深……尤其是每场演出他始终在台下台后一分一秒也不放过,让众职演员敬之爱之不已。演员朱莎为每次排演记笔记,共记了三大厚本。谁可记得这三大厚本笔记现在在哪儿?在哪儿?"文革"开始电影厂造反派就抄去了,"四人帮"垮台后发还给我们家了(而留在我们家的一切早被江青全部销毁),赵丹亡后,我去找过上影厂党委书记丁一,希望组织上能派全程参加者协助整理出来(我因怀孕较早退出)。20年过去,七月半过了,又到了八月中秋,细数秋天、细数秋天,又误心期到下弦,阿丹还惦着哩。找找吧,我找过朱莎、找过夏天、找过阿舒……想不清了,找找吧。

　　《雷雨》话剧演罢,接着迎来1958年大跃进,当我们从各方被召回电影厂,众职工满怀激情在话筒前报告自己的跃进规划,阿丹抢过话筒大声说:"我要拍摄曹禺全系列影片《雷雨》《日出》《北京人》,拍'家春秋',还将着手筹备《三国》《红楼》《水浒》。我赵丹此生不拍好三国、红楼、水浒誓不瞑目。"话音未落,就被正当道的恶魔"冯乐山"和卫道士"高老太爷"叫去训话:"你党籍还要不要?怎么只热衷鼓吹死人、古人?!"

　　"文革"大悲剧,难道不是冯乐山们和高老太爷们导引群妖乱舞，搞得国将不国。当封建势力集中大爆裂时，反封建的勇士们从全国各个角落里风起云涌，人民胜利了。不过，说实在的，若干年来我是不敢一个人观看《家》片重放，太瘆人了；一多半伙伴都不在了，他们若是正常亡故，我看得开。但眼前，银幕对我是模糊的，我看的想的是银幕外的戏：壮烈的、悲惨的、无奈的……

中国的改革开放，是继续大规模围剿、消灭封建余孽的大搏斗。人间天上、国际国内、生生死死，我们决不是反封建余孽的看客，让我们携手向前。

我国中秋拜月，有焚香歌舞、竞技祭神许愿的民俗，让我们许愿吧——

唯愿寰宇少男少女都能笑着生活、上学、恋爱，自由发展自我潜能报效人类祖先，报效地球海洋、星云万物。中秋之夜的礼花腾飞绽放、舞乐喧天，祝福吧，吉祥如意。

2000年9月15日发自北京

给董鼎山的信

鼎山大哥：

　　亦代和我向你道喜，紧紧拥抱你，狠狠捶打你！热烈祝贺你在美国获得华裔文化人终身成就奖。此番美国国际文艺中心嘉奖海外艺术家仅有三位，兄居其一，颇不简单，真有你的！！兄1947年赴美后，长期在新闻界用英文笔耕不辍，1978年以来又开始用中文为《读书》杂志及其他报刊写稿，为中国读者尤其是年轻人所喜爱；而且至今已出版16部中文文集，硬是要得！来自美国的生猛活鲜的文化信息，是美中文化交流的彩虹。喜报是最佳贺卡，使我们仿佛看到太平洋上的礼花，感到我们的小屋也沾光分外亮堂，我们好高兴好高兴。

　　我们虽有病不轻，却也不敢怠惰，亦代已每天多多少少写几行读书后所思所想；小妹呢，心律经上海华东医院郑医生函诊并寄药来服后，已经基本正常，我总是稍稍能走动就想走动，我没"存货"成为书斋作家，就来个"兔子偏吃窝边草"吧，我抓老孙做伴，登上新街一条新路线的公共汽车（一去一回三个小时），琢磨着找几个点采访采访，以之充实我正试图编辑的四册亦代和我的散文合集。昨天，亦代和我已在小屋当中搭起折叠方桌，摊开北京市地图、文字资料、照片，三人谈论甚欢，我又打电话给中国作家协会会员部，请他们给我开出对某部某区的介绍信——仅仅是因为我朴朴实实去哪儿也都招摇。

五月鲜花开时再重逢，彼此展示新世纪咱们的新贡献。问候你的夫人佩琪和美丽千金。

2001年1月12日

不是我记性太糟糕，朋友查出我不能上网是"猫"逃走了，在我住院的时候。我当再捉一只"猫"。

又及

2001年2月1日

书名已想好了

小友,亲爱的:

好容易把个大年平安过了,别埋怨我们今年少寄贺卡,也别太惦记我们,我们还可以。

是病了,老伴需占一个整人服侍,自己也病得下不去宿舍楼前的6档石阶……但是,除了向医生,决不向亲友唠叨病。

我们不怕活少了,只怕废物似的多活了。有口气,大脑尚能思维(虽然机械记忆大滑坡,也还在意地记点儿什么,能记住固然好,记不住再记嘛),且好好活着吧,两人相加(1913生+1925生)166啦!还想怎么着?

嗳,就是还想怎么着。文思依旧迂回盘旋,重要的不是我们还结什么果,早已过了盛花期;但我们的根须还扎在土壤里,有口气,它就汲取并供给着——我们还能一摞一摞读书看报,还能歪歪扭扭写写,慢慢腾腾敲敲打打键盘,还能坐在电视机前观看善与恶的搏斗厮杀,其共鸣与年龄不一定成正比,我们更重视心灵殷勤的劳作和感应,我们企盼着去南极的朋友们凯旋,我们也举着放大镜看青藏铁路将怎样穿山越岭……

前些天,我还站在拓宽了的马路边,看一条新通车的路线牌牌,数着一个个停靠点,向往着可能的约会……而下一本书的书名已想好了,就叫:

《野葡萄藤》
——冯亦代黄宗英和他们的亲友们
可好?
Well begin is half done.
然否?
新世纪的一切还是与我们点点滴滴相连。
我给你们喊加油,我也感受到你们在给我们输氧。
冯亦代附笔问候,新年纳福。
世纪祝福。

宗英 2001,情人节

我的近况

车辐大侠哥：

　　自从3月3日—4月28日近两个月卧病医院养成服安眠药早眠(10pm前)习惯后，我就不会睡午觉了，往往午饭后，躺在大床上伸伸腿歇歇腰时，脑子里就车轱辘般转来转去，想着老里八早就该给你写的回信。你寄给我的《锦城旧事》，我是在病房输液时，央告护士只扎左臂血管，方能使唤我的右手持书掀页。我是第一次知道侠哥还能写长篇小说，以前只看过你洋洋洒洒的散文，议美食论景观叙风土人情的小品，猜不着你在望九之年还抡出个大家伙，佩服佩服。这本描绘蜀地袍哥的书，惹我着迷，尤其把方言注释印在同行书边上，可以使我一口气读下去，太妙了，只害得我由于病弱而衰退的视力不得不重新验光又新配一副眼镜，发票我留着，备你买单，哈哈。

　　我昨天又打电话跟大哥(宗江)讨来你的地址，哥说"小妹啊，你已经是第三次向我要车辐的地址了"。我是查了护工小琴从解除隔离后的小西天宿舍取来的大中小三册电话本,都找不到我有心要记下的你的地址,可为什么没影儿呢？想来想去才明白：是不知道把车字放在26个字母的哪一页。我小时候学的是注音符号,车应从彳,前三年吧,我想学电脑操作,就买了一大张绘图版《儿童学拼音挂图》,好容易认得了"大公鸡"是J、月是yue……还学会用智能拼音码打出自己的腹稿,我的小老师是北京师范大学中文系三年级的学生,很不理解一位作家写得一手流利文章,而极简单的一项电脑操作,把着手教了,写下了操作顺序,看着我会敲打了,第二天又不会了,让她学汉王笔手写还不肯,再教,再忘,再教……别人一周可学会的,我这个电讯总工程师的女儿苦练了半年终于算及格了,并打印出自己的新作发稿了、发E-Mail了,好开心。我万万没想到乐极生悲：有一天早上,我突然睡糊涂了,从来5点半闹钟响我起床,这回睡到七点半还没起来,老保姆王奶奶把我推醒："黄老师,你病了吗？哪儿不舒服?"我迷迷瞪瞪答："没哪儿不舒服,就是困。"我撑持着起身吃了早餐,免得让阿姨重新为我热粥,之后,我又睡着了。到午饭午睡后,我起来坐在电脑前,哎哟妈呀！我怎么连启动电脑怎么击鼠标也不会了,XYZ发什么音啊……《儿童学拼音挂图》也送给邻居孩子玩了,我坐在电脑前出一身冷汗——怎么这感觉和我第三次进藏得了高原反应不良症昏过去的两天两夜醒来似的,脑子里一片空白一片空白,熬到第二天早上就近去护国寺中医院(中西医结合)挂了号,做了脑CT,发现有两根脑血管上被点了"墨点",CT科主任热情而详细地告诉我："不要紧的,是腔腺性脑梗塞,离脑干还有距离。"我答:"不过我今天走出家门下台阶时才发现左脚不会走了,左手也拿不动包了。""别紧张,多运动就会康复的。""可是发病的前兆太可怕了。""你最少要半年通一次血管。"

　　大侠哥,以上大概是十天以前写的,后来小暑节气我大疼,在节气正日前三到四天,闹得又不能不去医院,此刻还不敢低头,就这么乱七八糟给你寄出吧,我的病没关系,疼是疼不死人的。二哥平安勿念,他在医院。

　　我暂住女儿为我租的"豪宅",再说吧。

　　祝阖第安康

　　侠兄越老越淘气。

小　妹
2003 年 7 月 12 日

李景端的"三次方"

李景端又将出版新散文集《与名家零距离》,这位快乐的文化渔人又一次收网了。在生活中他的文学触觉神经特别敏锐,我随意翻翻各类报刊,常常就蹦出他的文章,这一二年他起码在报刊上发表了五六十篇引人瞩目的文章。

李景端是我老伴冯亦代的知交。他上北京来,少不了要来看亦代。我初次见他,高高的个子,拎着一包书,精神十足地来了。他一进屋,仿佛把太阳带了进来。他先分书给我们,我递给他一瓶矿泉水,他已经和亦代天南地北地聊起来了。屋子小,我窝在床边,看新书蹭听他们有学问的谈话。我这人还有点小本事干文学,一多半是蹭听出来的。从他们俩的交谈中,我听到了不少以往都不知道的翻译界的情况,有鼓舞人的,也有叫人泄气的,尤其是谈到施咸荣、董乐山这些老友去世太早,他们俩都显得很伤感。随着与李景端接触多了,不仅使我对文学翻译渐渐关心起来,而且对李景端也更加熟悉了。有一阵,我甚至产生过也搞翻译的冲动,曾托李景端帮我寻购一种很难买到的英语词典,他为此费了不少心,还寄了好些英文杂志给我。我越来越发现,李景端办什么事都是非常热心认真的。

前不久,李景端来信向我"讨债",说我欠他一笔文债,要我为他的新作写篇序。我久居病房,哪里还有灵感为他人作序。但赖债又赖不掉,怎么办?瞎琢磨之中,突然冒出一个"怪题目",写一篇李景端的"三次方"如何?

李景端学外贸出身,前半生长期在经济部门工作;"文革"后进入出版界,搞翻译,办《译林》,当社长,成了翻译出版的行家;退休后又"爱管闲事",替季羡林等名家打维权官司,针对译坛"专给名家挑刺"的不正常现象仗义执言,不断写文章为翻译事业叫喊,还成了写散文的热心人。在这三种角色中,李景端都十分专心卖力,所以我把他人生的这三种经历,戏称为李景端的"三次方"。这"三次方"的得数,亦代和我自然心中有数,但我不说。这个得数,是正数还是负数,是大数还是小数,就让读者看他做的事、读他写的书以后自己去评判吧。

2006年1月于上海
《与名家零距离》序

加油！加油！！！

我因为不小心跌跤骨折，住到医院里。医嘱安心康复。不过我的心很不安。即使服枣仁安神片也不管用。只因为近日里我的病房忽然热闹起来。四面八方的亲友影迷都来问我电影界的那场官司。原来原告与被告都是我的熟人和知交，我心痛！

我是青春宝的荣誉职工。

我与胡庆余堂——杭州中药二厂——正大青春宝集团结缘于我的中药观。

我崇尚中药不是因为家谱上有亲门近支是中药世家。小时候，在北京，那时叫做北平。每当我们生些小毛病，我娘就会开些小药方。毛病再不好，就去看北平中药界的四大名医孔伯华、施今墨……可说是中医药伴着我长大的。前几年，我曾到北京中医药大学去旁听。我认为中医药学的探索、交流、实践是未来国际和平的红十字会；是世界医药学奥林匹克大赛场。

小学教科书上至今都说：中国古代有四大发明。我老想改为中国古来有五大发明。历史课本漏了一项：中华中药。中药，是中华民族上下五千年以 N 亿生命体征萃取的结晶。

  目前，我国中药出口量尚难与日本、韩国等国抗衡、较量。而我中药界打着向国际市场的"梦之旅"——正大青春宝位居选手前列。大赛场争夺正白热化，当是我们喊：加油，再加油的时刻。

2005 年 9 月 12 日

他拣了个好日子，漫天灯火迎他

李辉、应红：

　　正中午，医院里静悄悄，是病人午休时光，我却一直望着天花板西想东想。

　　二哥真的要走了吗？也许像以前几次似的，说病危病危又缓过来了，即使真的要走，也有回光返照的一刻。都有的吧，几乎是长病号人人是有的。我似乎感到他会一步三回头的，只因我竟不在他身边。回想1992、1993年从朦胧到清晰地想着：这个大好人，帮别人忙活了一辈子，我怎忍看他形单影只。儿女再孝顺也难体会老人内心深处的需求。从1993年11月16日我由沪只身赴京，住进小西天七重天，倏忽十载有余了。头两年我尽力补足他难得离开北京的缺憾，我们去了河南洛阳龙门石窟，扶他攀上高台阶，又去了乔家大院……近郊灵山爨底下村。年年去北戴河避暑，他总是坐在藤椅大伞下远看我在深水游泳后，散步回来的路上买回十只大肥桃……

后来,是我先病的。他为我的病血压升高……无论我们是健康着,卧病了,只要我们两人在一起,总是快快活活的。不住医院的日子,我们在七重天小屋,照样黎明即醒来。他能坐起来时,总是干干净净坐起来,翻书,看报,看电视,有时一整天,两人说不上多少话,只是偶然得啵得啵,却仿佛心心交融,十分温馨。后来我在侧屋有了一张床,他一看见电视里阿丹出来,就忙叫小琴叫我过去。(小琴在我家已六年挂零,1999年底来的。)

这十年,在朋友们的帮助下,在你们夫妇的具体扶植(老少颠倒)下,写了好多篇文章,出了好几本书,懂了不少道理,是很充实的十年,灿烂的十年。

我没有停留在感伤。我想到未竟的事业:《现代文学馆·冯亦代郑安娜翻译学展厅》。(我此刻就想打电话给舒乙、周明,问问他们新的大展厅建得怎么样了……手机回答我:你的卡里尚有8.00元。小琴买卡去了,我也暂停。)我已做了4次功能锻炼,医生告诉我,你会站起来的,会走的,只要你肯练。练得我假牙都疼了。祝元宵节甜甜蜜蜜。

宗英依枕书
2005年2月23日

信未发出,二哥14:30 pm飞天了,他拣了个好日子,漫天灯火迎他。

2005年2月23日18时45分

第三辑 霜叶血

霜叶红透时,
霜叶的心也就碎了

童年对我影响最大的人

一个温馨的家庭

1925年,我出生在一个温馨而自在的家庭,父亲是总工程师。我有两个姐姐、两个哥哥和两个弟弟。我母亲是姐姐们的继母——这关系可是在我九岁丧父之后,两个姐姐帮着撑持家庭并且把我这个丑丫头打扮得花蝴蝶似的,我从亲戚、邻居夸我姐姐的话里才知道的。我总觉得我们家无所谓"家教"。我爸爸活着的时候老没大没小地撺掇着我们上树、爬墙,还拿他当大马骑,并常年在戏园子里订

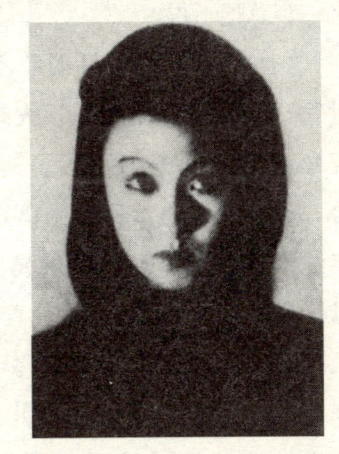

黄宗英主演话剧《甜姐儿》的剧照,一剧红遍上海滩

包厢带全家看戏,孩子们在学校里开同乐会演戏、演讲、跳绳……爸爸都是最佳观众"追孩族"。父母从没说过一句让我们好好读书的话,却一个书库、一个书库地给我们买书:《万有文库》《中学生文库》《小朋友文库》……连描金漆绿题字的玻璃橱门的书架子一起买回来(真格的,现在讲究高消费了,倒连买个书架也费劲了)。姐妹兄弟办起了"我们的图书馆",还刻了章。我最喜欢整理书架,把书摊一地,慢悠悠半懂不懂地一本本看过去。

爸爸留给我印象很深的一件事是:我们家从北京带到青岛去的王厨子患败血症暴卒于医院,爸爸说他是为我们家而死的,出大殡时爸爸披麻打幡,我们全家白衣送丧厚葬于当地德国公墓。谁善待过我们家,我们都不会忘记,虽说俗礼答谢修书叩安这一套总记不得。

"七岁看大"这句话对我不是没道理的。我仿佛从未逾越过"家庭熏陶"这个圈儿。大哥宗江把痴迷于戏剧艺术的圈给我套上,妹子我也收下了。其实,1941年我16岁踏上话剧舞台,只因我父早亡,家道中落,孤儿寡母日子过得凄清,我小小年纪整日做着养家孝母供兄弟上学的梦。我梦着去当护士,母亲说当护士太苦了;我梦着去当文书,因为家里有英文打字机,我会打,可人家嫌我小;梦见卖花,因为"小小姑娘清早起来,提着花篮上市场"的歌儿好听;梦见吆喝着卖菜、摇拨浪鼓卖针头线脑……反正自始至终没做过当巨星、当文豪的梦。

爸爸是孩子们的朋友和奴仆

童年,爸爸是影响我最大的人。爸爸,好爸爸!人家都叫他老师。他却是孩子们的朋友和奴仆。他早上9时上班,可天不亮就起来,笑眯眯看我们一个一个背着书包走出家门,才又去睡回头觉。他总是带我们去游泳、去看灯、去放风筝……我小时候长得最难看,他就最疼我,老让我跨在他背上骑马马、转圈圈。

我9岁时,爸爸病倒了,说是伤寒。一天深夜,我从热

黄宗英的父亲

被窝里被叫起来,只见楼上楼下,每个房间的灯都亮着,我被领到爸爸的卧室,爸爸正被人架着在大喘气(长大后才知道是抢着在他断气前给换衣服,不然到了阴间是赤身裸体的鬼!其实爸爸才不信鬼,都是好心人瞎操持)。我觉着爸爸睁大眼睛看了看我,我叫爸爸,爸爸不应。大人叫我跪下,我不明白。从来是爸爸朝我下跪,让我骑、骑。干吗这回要我跪?又不是过年!等大人把我按得跪下来时,只听得母亲爆发出撕心的号啕。

秋雨击窗,秋风浸骨,我的马马自己跑了,我从此没有马马骑了……

大哥宗江、老师、还有……

1941年,黄宗英和大哥黄宗江在兰心戏院后台的阳台上

再有,是我大哥宗江。他老是干些我想不到的事,我最疼他。他13岁时办了个正正式式的铅字印刷的报纸——《黄金时代》,我只得投稿。他到上海演话剧,我也就跟着上了台。他恋爱,我就用才学的英文打字的本事,帮他打那长长的、我不太懂的情书。他游海外,我就替他承担长子赡养母亲、扶持兄弟的责任。青少年时期,我们从不谈心,却彼此了解、笃爱。而今,年龄愈增而弥甚。

再有,当然是老师!我最喜欢上具有老师风度的女老师的课,目不转睛地望着她。还喜欢摇头晃脑拖长腔抑扬顿挫地教古文的长髯老先生。老先生给我们上《祭妹文》,老泪扑簌,痛哭流涕。他的认真,给我留下极深的印象。他伤心得好像是自己的妹妹死了。当时,我还想,我若死了,我哥哥也会写一篇很好的《祭妹文》;或从此把笔扔了……现在,他祭我,我不忍;我祭他,他可能"笑场"(每次,我一本正经对他,他都"笑场")。还是暂时谁也别祭谁,多写些让大家都不哭的作品吧。

再有,再有,可多啦!不一定是哪一个人,可影响之深之久,毕生不忘,像颜色掺在了酒里,捞也捞不出,挥也挥不去,那是国破家亡的耻辱(我小时候,每年要过多少个"国耻纪念日"啊!),是水旱灾害频繁的国土、逃荒的人群、漂来的尸体,是期待光明的希望,是解放的喜悦,是艺人改变社会地位的昂奋,是被"专政"的惊愕……呀,已越出童年的范畴,但政治上的幼稚,于今始终未能逾越。

电影《乌鸦与麻雀》剧照(1949年),左三为黄宗英

跟着妈妈姐姐织毛线

黄宗英的母亲

我从小学着织毛线,并不是为着织娃娃裙之类弄着玩。爸死了,娘眼睛视力日益减弱;当年,我爸活着时,提倡"劳工神圣""自己动手",娘一听爸的汽车喇叭声,就去洗手绢,并常年给儿女们用钩针钩墨盒套。我们每个人上学都拎着变幻着不同颜色的墨盒套,同学们好眼馋。而今娘看字要把书报放在鼻子头上。两个姐姐一个在金城银行当簿记,一个在山东齐鲁医院搞社会服务,在天津树德里二号的家里除我之外,只有四个光郎头兄弟。我大约9岁时就用小竹针、乱线头,弯来扭去先织小围脖,后织毛袜子和无指手套了。我跟姐学会绕菊花,可没学会钩。我来不及学钩花花,自打能熟练地织下针、不掉针,偶然掉针也能救起来之后,我就连忙上手给两哥两弟和自己织起毛衣毛裤来。不能说是织,是改,也就是补吧。

1939年发大水之后,秋深,娘和我翻箱子,我找出大姐、二姐上中学时披的深紫红毛线织的大围巾,一条大概要用两斤半毛线,还新着哩。我一鼓作气全都拆了。大姐回家发了脾气,娘哭了。我娘是大姐二姐的后娘（我没这概念，因为大姐二姐从来疼兄、弟、妹）。我也哭了一场，但这一冬，五兄妹全都穿上了紫红毛线不同花系列的毛衣——我少女时代的毛线活也到此落幕。

没有得到发展的天赋

约12岁时的黄宗英摄于天津

也许我此生没得到发展的天赋是当个好主妇。十来岁时，入冬课余要做五双棉鞋帮，织五副手套、袜子，把五件毛衣拆洗更新加大。我干什么活儿都挺认真，和我猛然间被推上话剧舞台以及又演电影一样——分内的事我必得做好；分外的、搭不上手的我也尽力试着去做。无论是多幕剧落幕之前我上场演一个不说话的新娘子，还是第一幕幕启时演个走场子边的民女，我都早早化好妆候场并守到谢幕。1959年我奉命专业创作，不坐班。自忖不坐班等于全天上班，自此除了三伏天我从来就不穿拖鞋了。也许是我又把演好角色写出文章当紧针密线缝鞋帮了。是的，我此生原本只想做一个好女儿、好姐妹、好妻子、好母亲,而此一角色却在个人际遇、民族兴亡中衍化出种种情节。文法须知:情节者性格之历史也。删略情节种种,堪慰故我依然。

1931年在北京家中,黄家兄弟姐妹戴上面具,早早过上演戏的瘾(左起:宗淮、宗江、宗洛、宗英)

生活在梦想里

我从小生活在憧憬、幻想、梦想里。

当我走向生活,跟着大哥宗江到上海去演话剧,想挣点钱给哥哥弟弟贴补学费,我觉得自己像《小妇人》里三姐佩斯般温存懂事。更觉得投身艺术高尚庄严之至。16岁的我,老想将来像法国女演员萨拉·伯尔娜一样，演戏演到70多岁，坐着轮椅上台。可我羞涩的行囊里，没有忘记带洋娃娃、碎花布和杂色绒线，至今也时不时地向小外孙女募几个可爱的小娃娃、小动物放在床头和窗前。

算起来，我入世甚早，但一直涉世不深。剧团和反动当局、审查机构、特务汉奸、地痞流氓、青帮红帮、军警宪兵……的种种周旋、麻烦乃至被捕坐牢，

难得盛装（1943年摄于良友照相馆）。黄宗英觉得，一个演员在台下太闪光，上了台就不显光彩了

都是爷叔伯伯阿哥阿姐们顶着，我仅略知一二，感到惊险神秘蛮带劲。

40年代中期，有一次在天津演戏，社会局点名要我单独拜客，那年月话剧演员倒是从不进衙门拜见长官的，如此怎放心得下让十八九岁花骨朵般的小妹只身入虎穴？可不去嘛，剧团不可能登记公演。几十位演职员拉家带口又怎么活下去？！记得那晚阿哥们研究了一夜，我呼呼睡了一宿，第二天，方知剧团决定，佯作不懂，集体伴小妹进衙门拱手"您多关照，多关照"地转了一圈，安全地出了衙门。这出戏，我只演过这一回，印象极深，成为我日

后扮演被旧社会黑暗势力迫害的女伶、私门头、外室等形象的薄弱的生活参照。

……

是我的从小如戏若梦的种种经历，使我总把戏、梦、人生分不清、掰不开。

2005年10月2日

翩翩长者陈鲤庭
——他也是我的电影引路人

陈鲤庭50年前照(左)和近照(右)。今年他98岁高龄

我在华东医院住院时,护工小琴告诉我:"01 病床有位 97 岁的老先生说是你的老朋友,说要来看你。""97 岁?谁呀?"我坐上轮椅,被推到 01 病床前,一位病人站起来迎我:"宗英,我说去看你哩!"我噤然。"怎么你不认识我?""怎么会是你?!陈鲤庭!我以为你……"我忙噎住。他哈哈大笑:"上帝把我忘掉了哈哈哈哈。"开心得像玩捉迷藏的孩子。我真以为陈鲤庭早死了,年轻时他身子就单薄,老来却长结实了。他不像 97 岁,只是有点聋了。他听不见我的话,他的保姆赶快递给我一支粉笔、一块白板。小白板掀起了世纪的云烟……

《幸福狂想曲》电影招贴画。该剧为陈鲤庭导演、陈白尘编剧,由赵丹、顾而已、黄宗英主演

《遥远的爱》电影招贴画。该剧为陈鲤庭导演,由赵丹、秦怡、吴茵主演

1947年,陈鲤庭导演的《丽人行》剧照,
沙莉(左)、黄宗英(中)、上官云珠(右)

一

鲤庭的妻子毛吟芬早已先他而去。独生爱女现在美国,每年回国探望独居的爸爸。还逼他到医院检查,奇巧被我碰到——窈窕的身材,朴实利落大方。

我1947年结识鲤庭,是他和赵丹、顾而已在剧影理论家组织者李伯龙的书桌上,发现我演《甜姐儿》时的照片,他就调来我在北平中央电影三厂拍摄的影片《追》,紧接着他迅速地遣人把我从北平请到上海,拍摄由他亲自导演的《幸福狂想曲》,可以说,从此

电影文学研究所在衡山路的旧址

改变了我的人生道路。

鲤庭从小很苦,是被捡来的弃婴,更不幸的是他4岁养父丧,7岁养母丧,临终托孤给小叔。12岁时,叔父送他去江阴县一所寄宿学校住读。该校办学思想新,提倡学生自治,同学们办起模拟式的"新村",品学兼优的陈鲤庭被选为村长。培养了他的组织能力和整体观念。

1924年,陈考进上海澄衷中学,还是住校生。住校课余时间多,他就沉醉于小说戏剧的阅读和观摩。亚米契斯的《爱的教育》、狄更斯的《块肉余生记》,与自己的命运有类似之处,产生共鸣和遐想。上海那时所有业余戏剧的演出,他无一不看。再说叔叔主持的家,难以维持了,就分家——卖掉祖屋,把钱分掉各奔前程。从此鲤庭孤身面对社会,创造自己。1928年夏,他进新华艺术大学暑期班,同年秋天,他进了大夏大学的高等师范学院。为了吃饭,他到南汇县周浦小学教书,同时还参加了大夏剧社。1930年,他为大夏剧社翻译了爱尔兰作家格里高兰夫人的《月亮上升》短剧。写一个逃亡的革命者,最终说服了追捕者得以逃脱

建国初,上海电影文学研究所的部分同仁在办公室的阳台上合影,后排左二为陈鲤庭

的故事。此剧至今还是培训演员的范本。

参加这些活动,他结识了左翼戏剧运动的骨干:洪深、赵铭彝、章泯、左明、赵丹、王为一、徐韬……1930年,正是左翼运动的开创期,鲤庭找到了人生的道路,从此跟定了党。

二

由于他在南汇县大团镇教小学,使他见识了一拨又一拨失去土地的逃荒难民,使他接触了生活的底层,加深了他对社会的认识。1931年夏天,他在悲愤中写出了《放下你的鞭子》。由于白色恐怖气焰嚣张,此剧隐瞒了作者的名字,只署佚名。如当局来查,只回答是传抄本。此剧先在集镇上试演,后在浦东青年会小学礼堂公演。由朱铭仙饰卖艺姑娘、王为一饰卖艺老汉,洪大本饰青年观众。当姑娘因冻饿失手时,老人举鞭打她,青年观众怒斥老汉:"放下你的鞭子!"并点出"鞭子应当指向谁?!"台下掀起怒涛,纷纷喊口号,并把钱撒向艺人;几乎闭不上幕。从此,《放下你的鞭子》不胫而走,在全国范围内传开来。随着时局、地点、观众的不同,只要更换一下开头和结尾,就可以取得良好的效果。此剧是抗日救亡鼓动宣传的播火者。

1932年起,鲤庭接受左翼剧联安排,从事戏剧辅导工作;生活却靠给晨报《每日电影》写影评糊口。

1973年,陈鲤庭夫妇和女儿在家中

1949年《乌鸦与麻雀》剧照。中间站者为黄宗英,在剧中扮演国民党官僚的为李天济,也就是《今天我休息》的编剧

1936年,陈鲤庭正式参加"上海业余剧人协会",承担行政组织策划。他不求闻达,像一团纯度极高的黏合剂,把大家聚集起来,使"业余"三台大戏连续出演:《大雷雨》《欲魔》《醉生梦死》,社会反响强烈。但剧院合同已满,若停演难偿债务,于是由应云卫斡旋,1937年元旦把三台大戏拉到南京去演,大成功。回上海又在卡尔登演,更加轰动。剧场连续"拉铁门"(客满)。由此,萌生了组织"业余实验剧团"的构想,以解决演出质量提高,演职员生活有保障,不至于老是东拉西凑饿着肚子来排演的种种困难。于是就由章泯、赵丹、陈鲤庭、郑君里、徐韬等研究起草预算,由应云卫向张善琨筹资,并签订了合同。陈鲤庭

还把南京剧联的瞿白音、吕复、舒强、严恭等联合进来,声势更加浩大。演出了陈白尘的《太平天国》、宋之的《武则天》和夏衍的《上海屋檐下》。

三

陈鲤庭(右)和郭沫若在讨论剧本

作为话剧导演,陈鲤庭最光辉的成就就是郭沫若的《屈原》,轰动了整个山城,震撼了统治者。

1937年,抗日战争爆发,陈鲤庭担任演剧四队队长,活跃在敌后。

解放前,他拍摄了《幸福狂想曲》《遥远的爱》《丽人行》《乌鸦与麻雀》,解放后他拍摄了《人民巨掌》等片。上影分厂后,他担任了天马电影厂厂长,并主持拍摄了《上海英雄交响曲》。当时,陈鲤庭根据感觉到的电影状况,向夏衍提出了组建"上海电影文学研究所"的倡议,夏衍接受了这一倡议。上海电影文学研究所成立后,夏衍任所长,陈鲤庭任总干事,主持工作。

陈鲤庭就这样潇潇洒洒干着各式各样的工作:教书、写稿、翻译、排演、读书,时光老人给他开了小灶,他从一种工作跳到另一种工作,仿佛花样游泳比赛:先自由式,一调头蝶泳,再调头仰泳。他著译的书册有《电影规范》《电影艺术史论》《演技试论》,翻译普多夫金的《电影演员论》等。他的第一篇影评是介绍苏联影片《生路》,他最有影响的剧评是《评〈娜拉〉的演出》。总之,广博的工作是无法以数量计算的。陈鲤庭可称得起是20世纪一代文艺巨星。

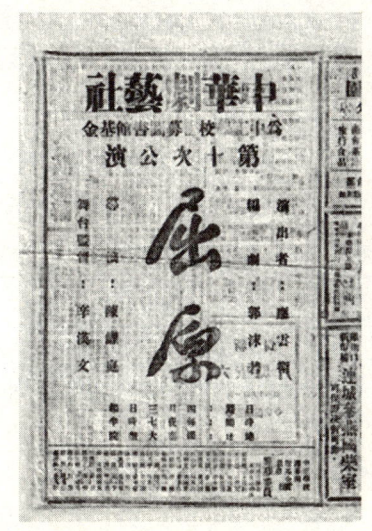

由郭沫若编剧、陈鲤庭导演的话剧《屈原》在重庆公演时的报纸公告

由郭沫若编剧、陈鲤庭导演的话剧《屈原》在重庆公演时的剧照

粗粗写来已经够活两辈子了。今年正月我去他家拜年。当我对他恭贺新禧时,他骄傲地站起来大声说:"今年我98岁啦哈哈哈哈。"神气活像上天给了他一个金娃娃。我给他送去书和资料,他一头就闷下去读起来;我要离开时,他又起身送我到门口。

论语曰:智者乐,仁者寿。然耶。

2007年4月6日

赵丹永远活着

赵丹导演自己的死

2008年9月10日。《中国新闻周刊》记者小李,自北京飞来访谈。题目是:围绕"赵丹遗言",即《管得太具体,文艺没希望》一文的前前后后。禁不住激起我心潮涌涌。

1980年7月15日,赵丹自上海华东医院乘车赴西郊虹桥机场,要去北京治病。儿子阿佐推着爸爸的轮椅。由我和上海电影局张万春同志陪同前往,可商务舱候机室,要乘活动电梯到登机口,幸亏阿佐是1米87瘦条条的高个儿,他此生第一次背起爸爸,那形象我在楼梯下边摄入瞳孔。

飞抵北京。已有北京医院汽车等待,又由阿佐背爸爸下舷梯,扶入汽车,抵达北医,住进412室。赵丹进屋即喊冷。是中央空调直通病室,无法调节。只得找木匠来,用木板将空调口封住。我服侍他喝了半杯热开水,盖棉被睡下。阿佐为他搓手,我为他

晚年赵丹在挥毫　　　　赵丹画黄宗英

搓脚,冰凉冰凉。病人真不能和常人比,大热天的,我已经冒汗了。

其实,我们一行已经在6月28日来过北京了,住在虎坊桥北纬饭店,然后到北京肿瘤医院做CT检查,那年月上海还没有CT机。29日,赵丹从CT机上下来,医生笑着握住赵丹的手:"恭喜你。好啦,没事。你可以安心治疗休养了。"赵丹很高兴,晚饭时,他还吃了两片溜鱼片,小半碗莼菜汤。他好久没吃正餐了。

30日飞回上海。7月2日,上海电影局局长袁文殊找我去,告诉我:"赵丹的病是胰腺癌晚期,在胰腺中部长了8厘米的肿瘤,已经扩散。很严重。你不要难过。""没办法了吗?""北京医院说可以试着切开患部直接照光。""怎么在北京不告诉我?""毕竟要商量商量啊,这是没有办法的办法。你想……"我说:"他现在还可以勉强撑起来画画。切开肚子手术躺着照光等死?没有质量的生命,我们不要。先撑撑看吧。他现在情绪不错。谢谢组织上操心,真的谢谢。"袁说:"我认识阿丹比你早10年,应该的。"

赵丹以为自己的病没有危险,他请求上午不输液,好画画。他还到医院大花园去写生。

到7月15日。他早上醒来就大呕吐,吐个没完,还干呕。电影局紧急决定:即送赵丹去北京医院。我赶快回家去银行取出两万元,是"文革"扣工资,才存下的储蓄,又带些换洗衣裤,叫上阿佐。还是张万春陪着,我们又匆匆上路。

孩儿们都知道爸爸活着的日子不长了,就都找借口到北京来陪爸爸。

长女赵青在北京舞剧院,赵矛住在北京电影学院同学家里。我在《红旗》杂志招待所,租了两张板床给男孩子们轮换休息。病房里的一张钢丝小床,是我和女儿橘橘的专利,众子女排队按钟点服侍爸爸。橘橘买来一只小熊打鼓玩具,每到爸爸输液完毕,小熊就打鼓。病房里欢声笑语不断。

阿丹没生病时,工作忙、开会忙、运动忙,很少和孩子们在一起,这次全由重病补偿了。阿丹日益衰弱,起先,在门上贴一张"谢绝探视"的纸条,到9月下旬,床位医生对我说:"朋友们、亲戚们,想来看他,就来看看他吧。"说着他撕去"谢绝探视"的贴纸。我明白这不是好兆头。我打电话给诸亲友,并购买了几十册新出版的赵丹著作《银幕形象创造》。又给阿丹理发修面。亲友们来了,赵丹兴致很高,跟他们握手、打闹、说笑。然后从屋前落地窗走出,取走一册敲了名章的新书,永别了。有时,赵丹熟睡着,来人看看他,也不叫醒他,只取一册新书,凄然走了。

赵丹、黄宗英夫妇与孩子

赵丹遗言

一日。我坐在靠背藤椅上,对孩子们说:"以后不管谁来,我们都嘱咐他不要和病人握手,免得外边的细菌传给病人。"义子周民问:"若是华国锋主席来呢?"我答:"华主席来也不握手。"正说着,护士进屋通报:"华主席来探望赵丹同志了。"我忙站起,华主席已大步走进,直冲病床前,和赵丹握手了。并嘱咐:"好好治病。既来之,则安之。心情要开朗。"

这下可热闹了。中央领导人一个个派他们的秘书或子女来看望赵丹。病房里摆满了鲜花。邓颖超老早就派人送来一束栀子花,说是自己园里采的。她住在三楼病房,嘱咐我想开些。过后,中央电影局局长陈荒煤来看望阿丹,他问阿丹有什么要求。阿丹

赵丹山水作品

说:"有些重要的话想跟乔木谈谈。"荒煤说:"我来联系。"于是赵丹每天跟我说,要向乔木谈什么。他断断续续出口成章,连南通腔也没有了,我为他简记下来。

某日下午。胡乔木和贺敬之来到病房。阿丹很兴奋。我对乔木说:"《人民日报》在讨论电影问题,赵丹有些话想跟你说,他很弱,由我来代说吧。说得不对或不足,由他校正补充。"胡说:"好好,有什么就说什么,我洗耳恭听。"

我说:第一个问题。就是关于党对文艺的领导问题。对具体文艺创作来说,党到底要怎样领导?党领导国民经济计划的制定,党领导农业政策、工业政策的贯彻执行;但是党大可不必领导

怎么种田、怎么做板凳、怎么裁裤子、怎么炒菜,大可不必领导作家怎么写文章、演员怎么演戏。文艺,是文艺家自己的事,如果党管文艺管得太具体,文艺就没有希望,就完蛋了。"四人帮"管文艺最具体,连演员身上一根腰带、一个补丁都管,管得八亿人民只剩下八个戏,难道还不能从反面引起我们的教训吗?……

乔木听后连说:"很好很好,让宗英整理出文字来发表吧。"

我又说:"第二个问题。"我笑了:"是给领导者以艺术欣赏的自由。"他们也笑了,我说:"是说电影和话剧的审查排演问题。咱们别'麻秆打狼两头害怕',台上怕,台下更怕,简直是活受罪。"

"每回审排,剧场里冷冷的,演熟了的戏也僵了。台下该有笑声时,没有。该有鼓掌时,更没有。领导直着脖子看,不敢点头也不敢摇头更不敢笑,其他领导都瞄着第一领导。戏演完了,谁也不敢夸好,也不敢说孬。上得台来握手,只一个劲儿说辛苦啦辛苦啦。只生怕表错了态,生怕把毒草夸成鲜花,那可了不得。赵丹的意见,是建议领导来看戏,最好别强调审排。领导来到剧场也就是普通观众。他尽可以凭自己的性情喜怒哀乐自由表达,连连点头也好,鼓掌也好,拂袖而去也好,都不当一回事。如有重要的意见,要我们贯彻或修改,请诉诸文字下达。这样双方都解放了,也诉诸理性了。一个剧本岂止是十月怀胎,也许是许多人十年磨一剑的成果。说一句'倾向有问题'就否啦?多可怕。"

第三个意见:要重视北京电影厂"大师创作室"的成立和发展。

我说:北影成立了"成荫创作室""谢铁骊创作室""崔嵬创作

室"……以导演为中心,自由结合,组织协调,使各室配备固定的编导演、摄(影)录(音)美(工)化(妆)服(装)道(具)剪(辑)等的班子,有戏没戏都属于一个固定的班子,以有利于电影这门综合艺术的协同作战,而不是拉郎配——没有爱情的婚姻,越拍越别扭。默契,是综合艺术的灵魂。

"好,大概就这些个,阿丹你看……"

乔木说:"说得很直率,很好,阿丹在重病中还思考电影戏剧大事,真是难得,宗英整理成文字吧。"他们走了。

10月8日,《人民日报》发表了赵丹的《管得太具体,文艺没希望》一文。

也是10月8日,赵丹去阎王殿逛了一趟,全身冰透,没有一丝生的信号,医生抢救无效,护士长为赵丹导尿,尿撒出来了,人也缓过来了,孩子们和我为他全身按摩捏搓,像摆弄一艘停泊的船。我告诉他,文章发表了。许多朋友打电话来,说他写得对。他眼珠动了一下。

10月9日。我对孩子们说,谁也不要离开医院。中饭晚饭都买回来吃,情况不乐观,我去北京饭店找客房部经理,订一间房间。

10月10日午夜2时10分,赵丹在睡觉中安然离世了。

一句话,再,一句话

因为赵丹生前曾嘱不开追悼会,不要哀乐,要贝多芬、柴可夫

赵丹演《林则徐》剧照

赵丹准备扮演周恩来时的造型

赵丹演《李时珍》剧照

斯基、德彪西……所以中国文联、中国影协、全国政协、上海电影厂四家,准备联名开个悼念会。讲话后,放一部15分钟的关于赵丹的纪录片,已由新闻电影厂在抢拍。我坚持该片在描述赵丹生前已摄影片时,务必放上赵丹饰演周总理的试妆片段。当悼念会播放时,看到周总理的画面,群众以为是周总理出来了,总理为什么不跟赵丹握手呢?待醒悟过来,举座轰然,都说演得太像了。接着我回上海,因为上海也举行赵丹悼念会。张骏祥事前来跟我说:"北京的意思是剪去赵丹饰演周总理的镜头。"我说:"那我回北京筹备赵丹书画展去了,反正是悼念会,家属可以不参加。"骏祥说:"宗英,不要这样,容我们商量商量。""活着不让演,死了还要剪! 太残忍了。"后来,还是洪泽和张骏祥说"照北京放",他俩承担责任。

我认为赵丹癌细胞的分裂，就始自无缘无故只因中央某领导说了一句："赵丹怎么可以演周总理？"一句话，就把赵丹活生生从《大河奔流》摄制组撤了下来。那是1978年初冬，正是粉碎"四人帮"后，大家要夺回十年浩劫的劫难时候。是初冬，某夜，10时半。北京电影厂厂长汪洋，来到我们住的北影招待所小屋通知他：文化部电影局决定不让他演周总理了。赵丹腾地一下子站了起来："为什么？！""是中央的意思，文化部电影局北影厂都没话说。这事你想开些。明年我再找你主演电影。"汪洋走了。赵丹烦躁得很，他站着坐下，坐下又站起来，抚摸厂里为他演总理特地搬来的一面大镜子，他恨不得捶碎大镜子："不行，我还得找汪洋。"快12点了，我陪他敲开汪洋的门，汪洋只无奈地抚慰他，送他回招待所。

第二天一大早，他就悄悄离开北影，离开他的伤心之地。由我留下来为他拣拾衣物、笔记、照片……

两年前的事，犹似在昨天，我们忙着准备悼念会的事。这时有人打电话给我。嘱我：不要紧张。据说，只因中央某领导人说了一句"有个演员临死还放了个屁"，此话传达到县团级干部，要组织批判。是夏衍说了一句："中国人最忌讳鞭尸。"于是，这才不点名批判。朋友叮嘱我："不要害怕，别倒下，要挺住。"我说："我感到骄傲。赵丹死在火线上。"我还听说，要在《人民日报》组稿批判时，《人民日报》答："我们觉得赵丹的文章还是有它的道理。我们不组织批判。新华社通稿，我们照登。"可见人不怕说真话。公道在人心。

10月23日。赵丹书画遗作展在中国美术展览馆开展览会,中国有那么多报刊,可只有一份报发了一条拇指大的消息。上午9时开幕。阿丹当官的朋友们都在8点多钟来到展览馆,在大门口对我说:"对不起,我们9点钟开个重要会议,不能请假。"我笑了笑回答:"我明白,我太明白了。我自己剪彩。我和七十多岁的老人曹孟浪剪彩。"气得我打电话给中国国家旅游局的小朋友刘小妹,说:"给我拉两车外国人来冲冲喜,就说中国的电影皇帝生前的书画在展览,机会不可错过。"之后,我又打了几个电话,阿丹的好朋友郁风、黄苗子、黄永玉、吴作人、新凤霞、吴祖光、李可染……都来捧场作画来了。在报刊没一篇宣传文章的情况下,展览会的观众逐日增多。丢了官的夏衍,拄着拐杖来仔仔细细看过了。他跟我说:"以前,只以为阿丹平常画画册页、条幅。没想到他丈五丈六的大画也能拿得起,专业功夫没丢。"荣毅仁也来看过了。观众最多的一天,来了6 000多人,我特地去买了一件玫瑰红的背心穿身上,我在办喜事——赵丹的第二艺术生命:书画艺术升起了。

展览会结束,我和孩子们回到上海的家。走上新康花园小二楼,我愣住了。家,像一座灵堂。是被我最要好的女友布置过了。在赵丹16英寸的照片镜框上镶了黑纱,像前点了一对白蜡烛,床头也围了黑纱。气候乍冷,两房两厅,冰阴冰阴,不见一丝鲜活气氛。我对着家里的保姆说:"张阿姨,打电话找洪孃孃过来,两人搭手,把樟木箱子打开,把所有最漂亮的罩被、狗皮的沙发垫、浅

赵丹用印章(印有三个图)

粉色的毛娃娃……都摆出来,再买个圆的金鱼缸,买4尾金鱼,一对红的大金帅,一尾白珍珠,一尾乌宝石。别忘了买干鱼食。少喂些,游得欢势……总之,不能一个人倒下了一家子败了下来。咱们要把家打扮得使朋友们放心,让赵先生也放心。"

　　正是:莫道不并蒂,偏随我双游。

　　他活着。

　　一句话,

　　再,一句话

　　能左右一个艺术家的

　　生与死吗?

　　不能。

　　决不能。

　　赵丹永远活着。

2009年2月22日

张正芳小传

我正在病房看书,忽听一声冒叫:"黄宗英是住这儿吗?"我忙答:"我是……"

"我是张正芳啊!你不记得了吗?67年前你在金都大戏院演'甜姐儿'时……"

"记得记得,你常来后台看戏。"那时张正芳正在上海戏曲学校学唱京戏,已经是个角儿了。她才13岁,我已经17岁了。她唱花旦,她说我也演花旦,她是来偷戏的。

张正芳8岁时,家里穷,经常吃不饱饭,父亲失业,她失学,在家当包糖童工,赚几毛钱贴补家用。一天看到街上贴着广告:上海戏剧学校招生简章。考上了管食宿,还能学文化,这不比读难童夜校强得多?回家跟父亲说了。父亲严厉斥责:"再穷,也不能去学下九流的开口饭,丢咱书香门第(祖父是秀才)的脸。"正芳原姓宋,就偷偷跟着夜校同学张丽芬一起,改名张梅珍,算是她妹妹,一起去招生处报名。

考试那天,老师叫张梅珍应考,没人应,叫了几声,张丽芬拼命在她腿上拧了一下,她才明白是叫自己,才突然窜了出去:"我来了!"候考的人们都笑了。老师问:"会唱戏吗?"

答:"不会。"

问:"会唱歌吗?"

答:"会。"

老师说:"别紧张。哪个歌唱的好就唱哪个。"她看老师态度和气,就拉开嗓门,唱起了:"我的家在东北松花江上……"这歌,她在难童学校学的,而且是全班的领唱,所以唱得信心十足,也敢抬头看了。看到考官有6位,只见他们点头赞许。其中一位长得很秀气的老师向她走来说:"跟我学:青春正二八,生长在贫家……"她说下来。又让她学:"咿""啊"用尖嗓子,她跟不上。他说:"可惜没小嗓"。一位老师说:"学老旦吧。"她一下子哭起来:"我不学老旦,不学老旦。"老师说:"反应倒挺冲的,总比三拳头砸不出个屁来好教。""好好,不学老旦。可惜了一双大眼睛,一对小酒涡。学刀马花旦吧。你吃得起练功的苦吗?"她忙答:"吃得起苦,什么苦都吃得起。""好,三天后来看榜。"

三天后,她考中了第二名。家里知道她改名考中,父亲说:"既然考中,就要坚持。"

那位秀气的老师关宾鸿是教务主任,也是术科教员,教生旦、丑,是她引路的恩师。戏校学生一律以正字排名,还一律穿制服。走在路上,男生剃光头,穿阴丹士林布长袍;女生梳双辫,穿过膝阴丹士林布旗袍,两人一对,步伐整齐,很引路人注意。

1961年张正芳经辽宁省选拔代表辽宁继承荀派,由文化厅长王丕一、宣传部长郑枫亲送赴北京拜师荀慧生。拜师会合影前排左起:史若虚、小翠花、王昆伦、梅兰芳、荀慧生、张伟君、齐燕铭、老舍、马彦祥、王丕一、马少波,后排左起:薛恩厚、曾白融、郑枫、李慧中、荀令莱、张正芳、赵燕侠、李达、张君秋、刘敬毅、张树成

　　上海戏剧学校的创办人是许晓初,复旦大学毕业,五四时期积极投入爱国运动,最后走上实业救国的道路,是一个拥有大中企业的实业家。他重视教育事业,他想:在沦陷区,如果办正式学校,一定会受到种种限制;办个戏校,敌人不会注意;而戏剧又都讲忠孝节义,可以给学生以国家民族观念。再说许的祖籍是安徽,京剧是从徽调发展,然后成为一种极高尚的舞台艺术。他要使京戏在江南有所承传。以他为首成立了董事会,董事中有黄金大戏院、更新舞台、天蟾舞台经理。每有名角来沪唱戏,剧院都会送70多张戏票,让学生观摩,并请名角来校授徒。张入戏校后,随科班排名叫张正芳。

　　张正芳每天早上都要练毯子功,那时没地毯,只以麻袋包了稻草,在上边翻跟头,练劈力,拿大顶等等,冬天也练一身汗,双手

1962年张正芳演出《花田八错》后，
荀派恩师荀慧生（左）上台指点嫡传弟子

却按在水泥地上，冻肿了，有的学生晚上睡觉，也把一条腿拴在床头架子上。

仅仅进校10个月，排好三出戏，就公开演出，老师们绞尽脑汁考虑再三决定打三台戏。

第一台：《天宫赐福》《二进宫》《三盗九龙杯》《八五花泪》。

第二台：《富贵长春》《四郎探母》。

第三台：《财源福臻》《双姣奇缘》《大铁笼山》。

三台戏能亮出戏校各种人才和行头，《八五花泪》有四真四假八个潘金莲，显示戏校有整齐的女生力量，四真四假武大郎再加两县官，有十个矮子功，台上热闹，台下沸腾。

正芳专攻刀马花旦，除了练跷工和把子功，最主要的是念白功。常言说：千斤念白四两唱，足见念白的重要性，她经常见缝插针在楼梯口过道里，对着墙练嘴皮子功："高高山上一棵籐高高籐上挂铜铃，风吹籐头铜铃动，风停籐停铜铃停。"练气口："摇摇葫芦，撒撒葫芦，好汉一口气数不过24个葫芦：（长吸气）1个葫芦、2个葫芦、3个葫芦……22个葫芦、23个葫芦、24个葫芦、25个葫芦"又来一段一句一换念下来的媒婆子的白口："你顺着我的手儿瞧，头戴一字巾，身穿大红袍，坐骑桃花马，柳叶眉，杏核眼，樱桃小口一点点，不笑不说话，一笑两酒涡，嘟……（卷舌练嘟噜，一口气拖得很长）""啪！就是她！"

她正念得起劲，不料身后有喝彩声。回头一看，是校董许晓初。他抚摸正芳的头对关鸿宾老师说："我看正芳的京白一点儿也不比北京小姐差。这孩子挺要强，我们要重点培养。"

这对正芳是极大的鞭策。她高兴地告诉我："我要被重点培养了，等我成角儿，就可以赚钱养家，给兄弟交学费啦。"正芳学练花旦、青衣、刀马旦。

练翻跟斗时，她混在男同学里一起练。排"大劈棺"时，关鸿宾老师问她，敢不敢在桌子上翻枪背？她说："你敢教，我就敢学。"教武功的师傅站在桌子沿上，蹲腿跳起来，往后翻枪背，回身直立不动。台下大静场，旋又全场大鼓掌。这功夫很难学，练不好会把脖子窝在脖窝里，或死、或残废，很危险，每次练，关鸿宾也要在旁边，终于练成这一绝活，关老师为此还为她投了5万元的人身意外保险。是那个时代的5万元啊！确实是险，一招鲜、吃遍天。戏校一贴《大劈棺》，必客满，连站票都卖光了，就等着看张

1961年，张正芳在拜师会上向梅兰芳大师（右）敬酒

正芳这一绝招，正芳如今授徒，不教这一招，不是留一手，实在担不起这个心，更理解为什么练或演这一招，关鸿宾老师都要到场把关，他提着心哪。

1953年正式成立张正芳京剧团在东北三省演出。1954年应辽东京剧团邀请率团到辽东演出，受到政府和观众的再三挽留，于1955年正式加入该团。一干就是25年，辽东的风水使她的演出风格又融入彪悍直朴。

1961年正芳由辽东省选拔晋京拜荀慧生为师，得亲传《霍小玉》《杜十娘》《钗头凤》《金玉奴》《卓文君》《红楼二尤》《花田八错》《晴雯》等剧目。这时正芳已能用小嗓了，重唱工的戏也能顶下来了。

她遵循荀慧生的箴言：会、好、精、绝。不论是一走、一转、一

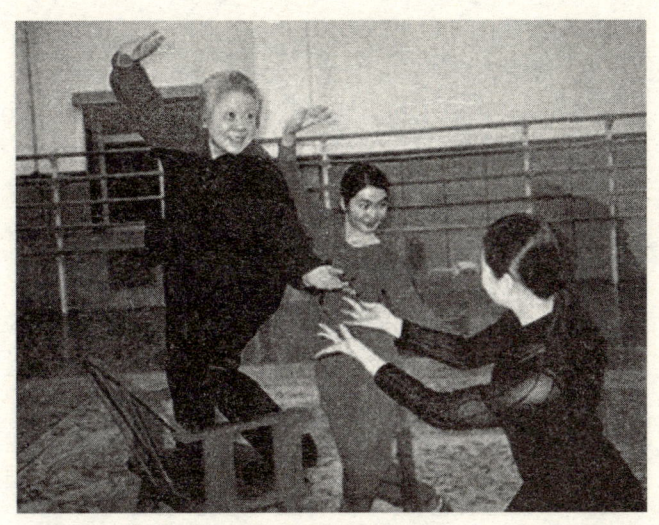

荀派嫡传弟子张正芳,年逾古稀时,仍上椅子示范,教授弟子们

瞥、一看、一笑、一怒、一怨、一恨、一唱、一念,都要极有特点地充分体现剧中人物的各种神态。

1972年开始执教。

1979年正式调入中国戏曲学院。成为京剧教育史上第一名女教授。

1989年,在北京退休,退后未能休,同年应香港文化促进中心邀请,赴港举办"荀派表演艺术示范讲座"。

1992年—1996年,在大连、重庆、上海、佳木斯、福建等地授课。

1997年—2002年,连年接受中国戏曲学院返聘,在研究生班任教。并培养青年教师,在指导学生完成"圭画"的高难度动作

1940年启蒙老师关鸿宾（前中）与上海戏校张正芳（前左二）、顾正秋（前左四）等十名女同学合影

时,依然不顾古稀之年,自己踩上椅把挂画,再单腿盘腿理画,学生深受感动和教益。她一生教出得道的学生已经数不过来了。她的事迹先后收入《中华劳模大典》《中国当代艺术界名人录》《中华人物辞海》《中国京剧大百科全书》《世界优秀人才大典》等,她活得轰轰烈烈,演得认认真真,教得谨谨慎慎,我以有张正芳这个挚友为骄傲,67年的友谊啊,使我每想起她,自己就不敢懈怠,仅书此小传以记之。

大雁情

她

1978年春天,祖国大地万木百草茵茵萌发的春天。科学的春风把我这个"科盲"也卷进去了。我作为一名特约记者,列席北京全国科学大会。

我挤上了第一辆向长城进发的记者车,踏着城头上湿漉漉的朝露,抢占了制高点。

我看见一些鹤发童颜的科学家,奋发挺进,拾级而上。年轻的姑娘们,嘻嘻哈哈笑着,比赛着看谁跑得快。我移开视线,看见城堞边站着一个姑娘,她凝神眺望着向北飞去的大雁。我走过去,轻轻拍着她的肩膀,问道:"默不言声的姑娘,你在想什么?"话音刚落,我察觉出了自己的错误。她一回头,我看见她的两鬓已经斑白,微黑的面颊上,已刻下细密的智慧的年轮。透过近视眼镜,她安详地看着我,淡淡地一笑:"我看见大雁,就想起了大雁塔下的植物园。"

"你是——?"

"我是种野药的。"

我、赛跑的姑娘、种药的同志临时凑到一起，不等到各自背囊里的杂食交换着吃完，就已天南地北、从古到今、数着地球的经纬谈个没够了。人们啊，往往如此，有时在一起工作几十年，却依然形同陌路；有时，才碰头，就好像几辈子之前就相知了。尤其那位两鬓微霜的种野药的妇女，引起我极大的兴趣。为什么？当时我也说不清。大概是因为她那直率泼辣的性格，也可能是因为她那泰然自若的神情，也许是因为她太平凡、太普通——普通得就像我在农村里常碰到的那种半土半洋的助产士，才放下喂猪的勺把，洗洗手又抄起消毒的刀钳。我觉得，她是一位生活在群众中的、朴朴实实的科学工作者。我想：她，也许正是若干天来我在五千名科学家代表里，寻了千百回的描写对象。普通人，总是大多数。我正应该从普通中找一找这一代科学工作者的缩影。

她，姓秦，名官属，生于1929年，现任陕西西安植物园助理研究员。

第二天，我约了两位和我一样的特约女记者，来到她的住所，进行个别采访，想跟她仔细谈谈。

妇女科学工作者，妇女文学工作者，在我们的国家里，数量还不算多吧。我们一见面，就被摄影机和录音机所包围。深谈是不可能了。只记得闪光灯摄下了秦官属眼里闪闪的泪花，她的两鬓在弧光下显得银亮银亮。她比她那49岁的实际年龄显得苍老，却又具有那样一种吸引人的特殊魅力。她那经常紧闭成一字形的嘴唇和沉静的目光,显示出一种为远大志愿和理想而深思的神情。这是一种有着顽强事业心的知识分子脸型。在"四人帮"横行的年代里,"事业心"三个字成为禁语,成为"反党思想的罪恶渊源"。于是这种神情在知识分子群中好像消失了,代替它的,是较多的、茫然无知的面容,尽管五官端正,身体康健,然而没有光彩。在这跨入历史新阶段的全国科学大会的会场上,我重又欣喜地看到了那么多的面生眼熟的思考者的面影。

夜里,我看完晚会节目回到宿舍。书桌台灯下压着一张很工整的纸条。打开一看,是几行娟秀的字迹:

记者同志:

　　感谢你们对我的支持和鼓励,请求你们千万别写我。我的处境很为难,望你们能谅解。

秦官属　×月×日

她?

纸条上的字句,不像一般的谦虚:难道有什么特殊情况?我要弄个明白。

我来到科学大会陕西代表团的秘书组,要求让我看一看陕西代表的个人书面材料。秘书组的同志十分热情,给我送来一大摞材料,我翻了一个晚上,不见秦官属同志的名字。

第二天一大早,我去送还材料时问及:"为什么没有秦官属同志的个人材料?能不能帮我找到?"

过了两天,秘书组很抱歉地告诉我:秦官属同志不算是先进科学工作者个人代表,北京没有她的材料,省代表团也没有。只有西安植物园填写的简表,没有更多的事迹。接着,秘书眨巴眨巴眼睛,热情地向我介绍了陕西省许多女先进科学工作者代表的事迹。他感到有点奇怪:我为什么竟然看中这么一个名不见经传的秦官属?!

之后,我又从侧面知道,对秦官属能不能来参加全国科学大会,原单位曾有很大的争论。本来报上来的名字不是她,现在也不见得就真的同意她来。她的同屋代表——找地下水的姑娘告诉我:"老秦正发愁回去怎么传达,怎么贯彻。她常常愁得睡不着觉。"

秦官属同志为什么处在这么个不明不白、难上难下的境况之中?这件事引起了我刨根问底的兴趣。

我得到陕西省代表团副团长——也是省科委副主任杨戈同志和副主任刘抗同志的热情支持。

我对刘抗同志,颇有好感。她认为:我国知识分子是"两头小中间大"。目前,全国知名老科学家的政策落实工作,有中央直接抓,比较好办。而对更大多数的中年科学骨干的政策落实任务,地方上担子很重、很艰巨。因此,她希望我到陕西去调查,这将有助于他们政策落实工作的开展。于是,我委托陕西代表团秘书组同志,替我问问秦官属的工作单位——西安植物园的领导,到西安给秦官属写篇小报道,行不行?

大会快结束时,转来了西安植物园领导的回答:"可以,欢迎。"

她??

到我能抽身去西安时,已是几个月以后的事了。

我确实受到了热情的、郑重的欢迎。省科委出面安排,由西安植物园具体接待。

庄严美丽的西安啊,我中华民族灿烂文化之骄傲。世世代代,你孕育了多少俊杰英才,诗圣文豪。唐代大诗人李白和杜甫就在这里留下了千古传颂的轶话。半坡村六千年前母系氏族公社村庄遗址里精巧的陶器;北宋哲宗元祐五年(公元 1090 年)始创的历代碑林中灿烂的书法石刻;西安事变中周总理执行毛主席的民族统一战线政策,扭转乾坤,掀起民族抗日高潮的黄楼;还有玄奘藏经的大雁塔,以及塔畔 300 亩连片的植物园……古往今来的历史啊,你曾留下了多少光辉的足迹!而现在呢!未来呢?大雁啊,你们能不能告诉我:在你们的翼翅下,西安植物园将怎样承担"提高整个中华民族科学文化水平"的一份重任呢?为什么本应是一片翠绿的植物园,如今竟是这般荒芜?园墙是新筑的。园内可向祖国汇报的科学研究新成果,究竟有多少项目?出了多少人才?在实现祖国四个现代化的伟大进军中,这里作出了多大贡献?俗话说:"种田看田头,着衣看袖头,烧饭看灶头。"植物园中阡陌小径上的枯草败叶,植物栽培布局上界、门、纲、目、科、属、种的杂乱无章,试验室里缺胳臂短腿的板凳：这些现象说明什么呢?

唉,嚼着主人待客的、园里试制的、可口椒盐扁桃仁,还要挑剔地感叹,实在太不通世故人情了。主人若知道在热情接待我参观之后,竟写下这样的贬句,也许当时不请我吃桃仁,而要摔我一顿毛栗子了。我焦急,我慨叹,不是因为当时看到了这些被"四人帮"破坏的情景;我焦急,我慨叹的是听不到、看不见园主人在粉碎"四人帮"以后大打翻身仗的激情和壮志。难道他们是在等待吗?等待什么呢?"大略驾雄材"——四个现代化的号角已经吹响。祖国的未来,应该较盛唐无可比拟般地辉煌。马克思主义武装的党和人民,岂能不如自己的祖先?岂能让古老的历史老是戳着我们的脊梁?更岂能容忍我们的敌人幸灾乐祸地投来蔑视的目光?!又怎忍心啊,怎忍心使我们的朋友惋惜、哀叹、失望?!

我扯到哪儿去了?

我开始调查有关秦官属的情况。

在我所接触的植物园的干部中,对老秦能久离家庭进深山工作这一点还是肯定的,其他的意见则大不一致了。给我印象最深的是否定的意见:

她：脱离群众,脾气极坏,骄傲自大,特爱吵架撒泼。

她：个人主义、成名成家思想严重。

她：地主的女儿,始终跟反动家庭划不清界限。

她：不能正确地对待文化大革命中群众对她的帮助,至今耿耿于怀。

她：本来不想进山,更不想去搞野生药物的栽培,是组织上一再说服才勉强去的。

……

这真叫我一筹莫展,不免心寒了。我怎么冒冒失失地找了这么一个采访对象?

我找园领导去了。

园书记梁同志很有政治风度地说:"你写吧,这对秦官属同志会是很大的促进。至于群众方面,我可以多做做思想工作。调动一切积极因素,这是党的政策嘛。尽管缺点很多,女同志嘛,也不简单了。"

"噢……"我愕然地望着书记,心想:原来领导对秦官属也是那种看法。作为女同志,我可不同意在选先进问题上这么个照顾法。既然园里干群对她意见如此之大,为什么还同意我写报道呢?我该怎么写,我又该写些什么呢?……

唉,我迢迢千里而来,怎么回去交账?是他们选错了去北京的代表,还是我选错了写报道的对象?她所工作的洛南县药材公司为什么极力推荐她呢?

我感到问题似乎已超出我写文学报道的范围了。于是,向省科委刘抗同志如实反映了情况,并谈了我的看法。刘抗同志想了一想,说:"当然,我做不了你的主,我不勉强你写作。但我想,你既来了,就该深入下去。如果下边错了,省里官僚主义,你调查清楚了,对我们也是个很大的鞭策。我们可以吸取教训,改进工作,你说好吗?碰到乱线团,不摘出个头绪来,我估计你那性格也丢不开它。哈哈,到秦岭玩玩去,中分祖国南北的分水岭啊。商洛南地区是当年李自成屯兵之地,又是咱们的老解放区,值得去参观参观。只要不兴师动众,大吃大喝,我是支持作家游山玩水的。名山大川,人物风情里有政治嘛。百闻不如一见,去走一趟吧,写不写是次要的。"

她

我们一行数人,驱车驰过莽莽秦岭之巅。高原上,麦子收了,柿子坐果了。小松鼠被机鸣声吓得四处逃窜。在那人马牛羊上不去的峡谷里的陡削岩石缝中,小松鼠丢下了核桃,也许明年春回大地时钻出绿芽。小松鼠,谢谢你这顽皮的小播种家。

植物园的同志们,一路上指点给我看,这是漆树、黄连木、五角枫、吴茱萸……花瓣淡粉的野蔷薇向我们点头微笑。羽毛乌黑的顺河溜溅起水花。窄梁尖峁坡地、川道平坦河滩,一片紫、一片白,好一派山乡风光。植物园的同志们辅导我阅读祖国大自然的课本,谈笑风生,朝气勃勃,我觉得和他们并不难相处,而老秦……

当我在商洛山区洛南县药材公司晒药场旁下车时,以当年蝗虫庙旧址改建的发电站,正把光源输向灯火点点的小镇。我看到秦官属正在院里收拾洗净晾干的单衣裤褂和棉袄——只有住在高原山区的人们,才知道盛夏季节早晚也往往离不开棉袄。老秦是昨夜接到省里的电话,黎明起身,从海拔 2 000 米的黑峰山村,赶了 80 里路回县城迎我的。在黑嶂举行的栽植桔梗现场会上,她圆满完成了短期培训技术人员的讲课任务,风尘仆仆地来和我这个新交的老朋友会面。

县药材公司实验室在正中间,东屋是官属的宿舍。西屋就是我的临时客房了。

晚饭之后,小县城的夜异常清静。官属和我都赶了一天的路,不免有些倦意。一时,我也不急于和她深谈什么。我坐在她屋里小板凳上洗脚。热乎乎的水,解着我的疲乏。我们有一搭、没一搭地闲聊着。后来,我还是忍不住了,就拐弯抹角、语重心长地对她说:"你现在参加了全国科学大会,地位和从前不同了,你应该注意群众关系……"

老秦默默地折叠晾干的衣物,叠了又叠,拉了又拉,压了又压,好像要把那几件带补丁的粗布劳动服,折叠得和首都高级旅馆里洗烫出来的礼服一样平整。

她一语未发,取出一盒烟,拿了一支递给我,漠然地看了我一眼。我顺势接过烟。于是,我们这两个在文化大革命中才正式学会而又绝少在公共场合抽烟的知识妇女,对坐着,默看那缭绕飘升的青烟……沉默,压得我胸口发闷。我站了起来,朝当院把水泼掉,心想:让她去自我思想斗争吧,我的责任尽到了。

"哈哈!哈哈!老黄同志啊,我们可等了你好几年啦!"我来到药材公司办公室,公司主任老王一边给我沏茶,一边极其热情地欢迎我。

我摇摇头笑道:"都说你们山里人木性子,你可会说俏皮话。我几个月前才决定来陕西,你们怎么会等了我好几年?"老王说:"我说的是实心话。我们几年前就盼望记者、作家来咱洛南,好好儿地把老秦的事写一写,表扬表扬。我实在不会写文章,挺生动的事儿,让我一写就干巴了。我只会画图表,你看——"老王拉亮一盏日光灯,指点我看东面墙上的一张洛南县地图——是那种在县委各部、公社、大队办公室常见的统一挂图。不同的是,这张长方形的地图,展现在我眼前,很像一块大赤豆糕,上面布满了密密麻麻的红圆点。

老王说:"洛南县历史上是个药材产地。山上野生着远志、藿香、桔梗、五味子、丹参、半夏、金银花、石斛等等。年长日久,野生药材越采越少。解放以后,中药受到重视,医疗卫生事业一发展,天然药材短缺情况日益显著。从1966年起,我们县开始搞野生药材家种。一开始全县搞了40亩药场,"他戳了几处红点:"原计划到1970年发展到390亩,但只完成226亩。"他又戳了几处红点:"当时办药场是个赔本的事,年年药材公司照例付出一笔赔款。没有人批评,默认这是个规律。从1970年开始,我们和西安植物园挂了钩,邀请园里派技术员来帮助我们总结经验教训,进行野生驯化的技术指导,老秦同志和其他一些同志,就是那一年来的。从此情况迅速好转。1977年全县县、社、大队三级,一共办了11 000亩药场。你看看,你看看——"他指着"赤豆糕"上数不清的红点点,"到 1978 年药材场地发展到 16 500 亩,是 1970 年的 73 倍!"

"药场是否占用可耕农田?"

"除极少数做试验的种田外,大都是在龇牙咧嘴的梁峁、坡洼、死板土、石渣土上筑堰开荒。在我们这八山一水一分田的老山沟,好地怎舍得种药?"

"那么种药能改良土壤、改善农民生活吗?"

"当然!所以咱们药材公司对老秦同志不是什么个人情谊。老秦和我们一起艰苦创业。我们没去的山,她去了;我们吃不了的苦,她吃了;我们解决不了的问题,她解决了——所以我们都敬佩她。"他深有体会地说:"更重要的是证明了:科学技术本身也是生产力这一马列主义真理嘛!虽说,这 16 500 亩地是贫下中农一锄一镐刨出来的,可这斑斑红点也渗透了老秦的心血啊!老秦亲自动手不说,没有科学的指导,我们哪有那么大胆子铺那么大摊子?老秦没来那阵,我们多辟一个药场,就多赔上一笔资金。有一冬,光天麻一项就赔了 20 000 块!现在你看——"

老王又指点西边墙上的两张图表——洛南县历年药材生产发展示意图和洛南县历年药材收购计划与完成金额对比示意图。

我看见箭头一年比一年往上蹿得高,便赞叹地说:"今年的箭头要蹿透房梁了吧!"

"药材收购额 1970 年是 32.04 万元,今年可达 100 万元。这对解决国家短缺药材起了一定作用。药材公司从过去年年赔本,变成年年增加上缴利润。如今各大队合作医疗费用大部分已能自给,队里副业收入逐年增加,为农业机械化提供了资金。省科委刘副主任看见这表,兴奋地夸奖说:太好了,你们这指标直线上升,快顶到房梁了……"

"刘抗同志来过?"我插嘴问。

"来过!那正是 1976 年 11 月,刚刚打倒'四人帮'的时候,她要我们总结经验往省里送!"

我猜想秦官属所以能出席全国科学大会,一定和刘抗同志此来有关。我的脑瓜跑弦了:刘抗同志为什么没有和我提起呢?……

电灯忽然灭了。

"给工厂让电。"老王说:"你赶了一天路,也该休息了。"他照着手电筒送我,边走边说:"我们县里凡有药场的社队,谁不知道秦师傅、老秦同志、秦老师呢?尤其是她常去的、公司直接抓的试验点,老人娃子都认得她。他们说:'秦师傅离儿别女扔着老伴,把心扑在俺这苦山圪垯地里。她黑着头发进山,如今白了头发,俺们忘不了她'。"

东屋灯光下,几个青年技术员围着秦师傅议论回社队后将要采取的措施,有的提出没有弄懂的问题。他们都曾集中在黑蟑学习,今晚住县,明晨分道赶路。

老秦给我屋里点上蜡烛,又回到青年中去了。

我累了,躺了下去。落枕又毫无倦意,只好把蜡烛移到床头放仪器的木箱上,打开从王主任那里借来的图表底样,大约摸地誊绘在我的笔记本上。

耳边,听着东厢房老秦和青年们融洽无间的谈话声……我的思想飞得很远很远。

如今,轮到思想斗争的倒是我了:什么叫群众关系?群众关系好与不好的标准是什么?为什么对老秦会有两种截然不同的评价?

第二天一大早,按照我的习惯,一个人溜上了街,正值小集。我转了一圈,回到药材公司收购站门口,只见送零星药材的农民队伍越排越长。老秦夹在公司职工中间鉴别药材。她不时地和职工、农民交谈着如何识别药材真假、好次、什么该挖、什么挖早了……这个大学毕业的助理研究员成了药材业的行家里手,我却孤陋寡闻得不知道药物学专业都设在什么大学里……

参观药场的日程开始了。按照公司王主任的安排,要把好的、中的、差的、老的、新的都给我们看看。

一路车行一路谈,老王一一向我介绍所经各场的建场史。老秦一下车总是去找该场的技术员了解情况。有时她也会过来跟我说:"这就是头一年我搞试验失败了的地方。"或说:"这就是我才来时认不出药草出洋相的地方……"

海拔 1 800 米的蟒岭在望。古城公社谢底大队快到了。这里杉皮小屋和砖瓦房错落有致。进村了。远远听见像鸟叫般的童声:"秦姨——"

蓝天、白云、树丛、小径、石级,金银花含苞,红芍药怒放。一个小女孩,像一只淡粉色的蝴蝶,从山顶飞下来,飞下来,一头扎在了老秦怀里："秦姨，我做梦都梦见你哩。快家去，快家去。"小女孩又像一头小鹿，深情地蹭啊、顶啊、拉啊地把老秦拽进家。一个小男孩也过来抱住老秦的腿。"康成，长高了！瞧，鞋又穿反了。"老秦说着坐在小板凳上，把小男孩抱在怀里，给他换鞋。

孩子们的妈才收早工进家，前脚张罗给我们沏红糖茶，后手急忙从柜子里找出藏着的柿饼、核桃；一边点火做饭，一边把几个月来当队干部的丈夫受气、受累，大儿子的对象，小姑娘的老师，以及娘家母、舅舅、表叔……三亲六邻家里屋外的事一嘟噜一嘟噜地往外端。直到谢底大队药场场长叫我们上场部去吃晌午饭时，她才住嘴，生气地说："咋不在家吃？糕都给蒸上了。"场长说："两桌人哪，嫂子。"孩子妈说："她秦姨来客，我翻转米坛也愿意咧！"老秦推说今天真的有事，下回一定来。那大嫂才气咧咧地拿一块干净手帕，硬是把柿饼包了，塞在老秦书包里。老秦也留下一个纸包，里面是孩子们念书用得着的铅笔和簿子。她又针对刚才谈话中了解到的孩子妈的病情，开了一个药方，让那大嫂到医疗站去取药服用。——老秦有这本事，我又没想到！

等我们坐在药场吃饭时，小姑娘又像粉蝴蝶般飞来，在老秦耳朵边悄悄告诉她，一小篮蒸糕已放到她床头柜上，让她夜里当点心吃。

经过参观、访问、座谈、闲聊，我在谢底大队接触了许多不同身份的人，了解到了许多情况。于是，秦官属同志来山区前前后后活动的底片，在我的脑海里越来越清晰地"感光显影"了。

谢底大队位于蟒岭北坡的群山之中。耕地和住家都散落在三阴、四岭、八坡、七条沟里。一年做到头,打粮少,费工多。这里地薄人穷,山可是富啊。光叫得出名来的野生资源就有一千一百多种。俗话说:"认识是宝,不认识是草。"这一带坡坡岭岭上千年万载野生着丹参。山里人不知道丹参是医治心脏病的名贵药材,每当盛花时节,只是放牛娃子采摘几朵紫花,放在嘴皮上当"蜂糖罐儿"吮吮,而丹参、丹皮一股脑儿喂了牲口。置身于天然药库里的庄稼人,生了病,却要跑到50里外的公社所在地古城镇去买药治疗。后来,县药材公司进山收购药材,用两角一斤的价格收进晒干的丹参。不到三冬两春,紫色的"蜂糖罐儿"在万绿丛中越来越罕见了。其他野生药材也是越挖越少,越采越少。1972年,县药材公司和西安植物园合作,到这里搞"七叶一枝花"的栽培。西安植物园派出了一个科研小组,由曾是"秦官属专案"组的负责人带队。秦官属也随同前来。当时虽然"专案"已经撤销,但是她的处境依然尴尬。贫下中农一眼就能看出,她是那种"犯了错误来改造的人"。但是,贫下中农对"四人帮"的"全面专政"是有着本能的对抗的。他们对大批知识分子干部下乡改造,自有一套要求和标准。

秦官属初来谢底大队,就住在破庙里。柯拉叶子的酸菜,她咽得下。腰里揣上橡子面窝头,大早上山,一天没水喝,不叫苦,不埋怨。她能这样,贫下中农就觉得不简单。

老秦干活泼泼辣辣,认认真真。她撂下三岁的娃子,五岁的妮,顾不上照顾孩儿他爹,整年整月在山沟里奔波。每年她不等六九阳坡绿就进了山,待到秋霜打草草枯黄,挖出待收的药草,栽下来春萌发的根块籽种,她还是不愿回家。乡亲们心疼她,常常逼她回城去看顾看顾她的家。

"天麻神仙脚,石钵拿不住,天种人不种。"在西安植物园同志来之前,这个队就试种天麻。因为科学知识不足,风险很大。老秦他们来了之后,现在队里连小孩儿都知道天麻和密环菌的伴生关系。人们学会拴住神仙脚了。现在大队药场种了160窝,估计每窝可挖出一至三斤天麻。收购价格是每斤六元五角。1977年有一窝天麻就重三斤六两。人们说:科学比神仙强。

秦官属用超声波处理桔梗种子,出芽快,苗齐壮。

秦官属搞无性繁殖,普遍扩种丹参。如今"蜂糖罐儿"漫山遍野。宅前屋后,蝶闹蜂繁。山里人赞道:"小篮一斤半斤,换来手扶拖拉机进村。"

谢底大队药场,从半亩杭芍,发展到五百多亩药材地(其中有三百亩是木本药材)。

从1972年到1977年,药场收入14 000元。大队的手扶拖拉机、粉碎机、脱粒机、架子车、缝纫机、开山炸药……大都是用药场赚来的钱买的。1977年一年提供药材3 207斤,支援各社队药材种籽320斤,苗25万株。1978年贡献将更大,仅赤小豆(亦粮亦药)一项,估计可收1万斤,收购价格是每斤4角3分,就是4 300元了。预计1978年药场收入可达1万元。群众管药场叫"银行"。

尽管现在秦官属并不经常来谢底大队,但大家仍认为这一切成绩都和秦师傅带来的科学知识分不开。

两天来,孩子们总是围着老秦打转转,跟前跟后,既不干扰,又不离开。我偶然问孩子们:"你们长大了,干什么啊?"孩子们回答:"像秦姨那样嘛!——"秦官属同志在山区培植成功的岂仅是药材……

坡陡路滑的蟒岭啊,我上去容易下来难。场长张罗着给我砍青竹,做手杖。老秦当然用不着,她常常在我们前边带路,一路上如数家珍般指点我认黄柏、黄芩、杜仲、忍冬、威灵仙、鸡头根……

参观访问以来,我总感觉到老秦有意躲着我,于是我常常借故请教药物靠近她。她教我认五味子,告诉我,到没有人家的山上去种药,喝不上水,吃窝窝头时,就摘一把五味子解渴,这就酸甜苦辣咸全有了。

一次,她从岩缝中拔出一棵草问我:"认识吗?"

那大概又是什么药,看起来它是那么不起眼的草,却有着长长的棒槌般的根,花骨朵还没开,从花托透出的花色看,将会开出淡紫色的花。我开玩笑地胡猜:"一定是'勿忘我'——Oh, God! Forget me not!"

老秦微笑着说:"它不会去拉住上帝的衣角,祈求上帝给它取名。它的名字可能是古代山里一位读书人给取的吧!学名叫远志,俗名细草、小草。这小草能在岩石缝里扎根。根部入药,名曰'醒心杖'。它的药性能益智强志,也就是西医说的,对健全脑神经有作用。"老秦的神情显得庄严起来:"这小草,漫山崖长着,用不着我去育种驯化。可这几年,它成了我的好朋友。在家里,我还搞了个标本,有时间就拿出来看看……"

这庄严,我能意会:大多数知识分子——祖国浩浩荡荡的脑力劳动大军啊!他们像漫山遍野的小草,分布在九百六十万平方公里的大地上。无论在什么情况下,无论是狂风暴雨,冰雹严霜,刀砍火伤,哪里有土地,哪里有人民,他们就在哪里深深扎根。

我问秦官属:"你在哪个大学里学的野生药物?"

庄严的神情变成了愤懑:"我根本没学过。"她头也不回,"噎噎噎"地奔下山去。

用什么办法打开老秦半掩的心扉?我这个记者没辙了。老秦像是一头受过伤害的小兽,动不动就扎毛。是她敏感到别人已向我说过什么,还是她担心和我谈多了会惹出更多的麻烦?

离开谢底前的黄昏。蟒岭舒坦地仰卧在绚丽的晚霞中。姑娘们恋恋地问起我们文化界的生活。我谈到敬爱的周总理,介绍了两三件总理关怀知识分子的"小事"。我突然发现老秦满脸绯红,满眼泪花……

谢底大队药场新建的试验室土屋里,夜雨敲打着格子窗。我们俩在摇晃的烛影下,回忆着那被林彪、"四人帮"扰乱的黑暗年月。我们谈到了"人心所向",谈到了血雨腥风的丙辰清明……渐渐地,她那掩着的心扉向我敞开了。

解放前,秦官属由于弟妹众多,生计困难,读到高中二年级时,就弃学任教,当了一名小学教员。

解放后,1951年,秦官属抱着改造沙漠、绿化祖国的理想,以"同等学历"考入西北农学院林学系,是该届仅有的两名女生之一。入学之初,有人劝她转系,说女同志搞林,受不了那份苦。她回答:"我还没受,怎么就断定受不了?"

在大学学习、实习和最初工作的日子里,她逐渐地对杨树的优选育种专题,产生了很大的兴趣,进行了较深入的研究。她和老师、同学、同志们一起,以陕北高原、渭水河滩为考察基地。她驰马、骑驴、跨骆驼,踏过内蒙古茫茫草原,攀过新疆高高的阿尔泰山。她在鄂尔齐斯河里洗过脚,在布尔津河畔搭过帐篷。秦官属以优异的成绩毕业。1959年4月,在西安植物园建园之始,她就来了。1961年开始搞杨树引种,她是杨树树种优选研究专题的业务组长。

植物园中,选自全国各地的杨树树种有一百多种。

老秦也曾跟随外国植物学家,远走峨嵋、太白,近踏渭河两岸。以后,外国专家从他们遥远的祖国,邮寄来了各国的杨树优良品种。那随树而来的泥土里渗透着抗击法西斯的鲜血,碧绿的青苔维护着人民友谊的生命之芽……

"文化大革命"的风暴来临了。由于林彪、"四人帮"的干扰破坏,老秦从重点培养、重点使用的对象,转瞬之间变为重点批判的对象。她靠边站了。而原来生机勃勃的植物园啊,原来团结战斗的集体啊,突然之间,战友变陌路,助手变对手,互相学习变成互相攻讦。切磋钻研的科研单位,变成了"文攻武卫"的角斗场。同志之间的关系,一下子紧张起来,对立起来。没完没了地斗个不停,乱得没个够。

于是,一百多种的杨树种植圃一大半被刨掉了,杂种上庄稼,名为贯彻"以粮为纲"的方针。外国杨树树种没人经营了,植物园里杨树研究的课题被取消了。

在批斗会上,秦官属始终不肯"低头认罪"。有人大声嚷叫:"搞杨树树种研究,本身就是脱离生产的修正主义课题。杨树,用不着你研究也长了几千年了,哪个农民不会种?"老秦肚里气鼓鼓地想:"无知!这像科研单位的批判水平吗?你倒不说距今七千万至一亿年前地质年代晚白垩纪时期,就有杨树化石了。什么脱离生产……"越批她越想不通。揿着脑袋不让辩论,还能挡得住心里不服气:"你倒不问问,不管是为了国计民生,还是为了生财有道,世界上有多少国家,在精心钻研杨树树种的优选!"践踏科学的"自杀政策"像舂米的木杵捣得她心碎欲裂。

大自然慷慨地奉献给人类以笔直、坚韧、速生、挺拔的杨树。它树种繁多,宜旱宜涝,抗风固沙。它能渐渐改变小气候,能快快献出好木材。如果我们的祖国能广为换种上适宜于当地条件的优良杨树品种,那么,全国每年增产的木材,只有用电子计算机才能计算出来……

撤了杨树研究课题,刨了中国杨树种圃,心痛得秦官属三魂七魄离了窍。她常常到仅存的外国树种的杨林中徘徊。从小有着韧性性格的老秦,曾多次萌起轻生的念头,恨不得一头栽到大杨树上,血肥杨林,死了算啦!她多年搜集的植物标本被抄走了,笔记弄散了。她一气之下,把自己省吃俭用置来的业务书籍胡乱捆扎起来,论斤卖掉,有的一本一本地当了引火纸生煤球炉。一天清晨,她又拉过一本书,点火引炉子。火力不够,再拉过一本……突然,像全身引着了火一般,她猛地站了起来……她呆呆地望着那本书……那封面……那……啊……七批八斗不低头、不掉泪的秦官属,她把那本书紧紧地贴近火热的胸膛,嚎啕大哭起来。

那本书是:

西北农学院印赠的、周恩来于1956年1月14日在中共中央召开的关于知识分子问题的会议上所作的《关于知识分子问题的报告》。

山风传送着松涛。屋里恬适地响着药场青年女工们均匀的鼾声。新打的松木板床吐着清新的木香。新置办的超声波仪器和玻璃瓶中标本液里浸润的药材标本,在烛影下闪光。蜡烛快烧尽了,淋漓酣畅地流着泪……

官属说:"我坚决相信我们的党不会抛弃我们知识分子的。我坚决相信社会主义不会不要科学文化……"

官属没有哭,却流下了泪;我也没有哭,也流下了泪……在林彪、"四人帮"横行的黑暗日子里,多少知识分子,多少从事科学、文化、教育工作的共产党员,为了这个不泯的信念,流过泪,甚至流尽了最后一滴血。

"风摇十洲影,日乱九江文。"世界上没有任何力量能阻挡科学文化前进的浪潮。

远志啊,远志!读书人——我们当代的知识分子啊!只要我们的专业知识,能对祖国、对人民、对党有用;能点滴造福于世界,能对人类美好的理想——共产主义的实现有所促进;那么,即使工作再艰苦,精神的折磨再大,尝尽人间五味,也如嚼过神秘果,只品得出个甜哪甜!

沉默了好久,我问她:"你本不愿意来种药吗?"

她理直气壮地:"那当然!凭什么撤掉杨树选种课题?没道理嘛!再说,我又没学过药科。下达野生药物驯化课题时说这是战备任务,我出身不好,万一失败了,再扣上一顶'阶级报复'的帽子,怎么受得了?我不干!"

"那你怎么又干了呢?"

她拿自己也没办法地摇摇头:"唉,关着我时,我倒也死了心。出来了,我能够工作,没有工作,这种惩罚实在受不了。有人说我每个细胞都是黑的,说17年培养的大学生都是专门拆社会主义墙脚的。我就想通过实践修个墙脚给他们看看。我不能和人民赌气,不能和党赌气。没有党,我能上大学?人民需要药,我就不信学不会……"

过了一会儿,我又问:"都说你脾气大,你能否告诉我,你发的最大的一次脾气,是为了什么?"

她一下子从被窝里坐了起来:"那是有人要锯杨树树种!就是那仅存的外国稀有杨树树种!当时我早已被迫放弃了杨树研究课题。有一次我从山里回到西安,发现有人要锯我的杨树,我一下子就站到了杨树前头。我大喊大叫:为什么要锯杨树树种?谁敢锯这杨树树种就先锯了我!——"

蜡烛流尽了它那最后一滴泪,屋里霎时变黑了。

屋外,雨,不知什么时候停了。月亮悄悄出来了,透过婆婆点点的树梢,映照出秦官属同志挺直的半身侧影。

画面外,是秦官属款款的声音:"当时有人劝我,你早就不搞杨树课题了,这事和你还有什么关系?何必为这个得罪人,闹得不可开交!唉,这怎么是我个人的事呢?这些树种,好不容易在咱们的土地上扎根、长大了,它就是我们祖国的科研成果了。谁也没有权利毁掉它!"

透过窗框上的画面,我仿佛看到远处的山峦峭壁,漆黑险峻。我想起了此番进山,出县城四五十里处,看到一个黑潭,潭边矗立着一块黑色的巨岩,据传那就是《山海经》上记述过的仓颉造书之地,是洛南县胜景之一"阳虚乌迹"。

人间本来是没有文字的。传说上古时候,仓颉为帝南巡登阳虚山,有灵龟负图出于水中。仓颉接受后,就懂得了天地之变,仰观奎星圆曲,俯察龟文鸟迹,指掌而创文字,造为六书,写下28个大字。这可不得了啦!龙哀鬼哭,说是有了字,人就能书了,泄露天机了。于是泼油纵火,颓山裂石……如今,当我行经此山,只是一片乌焦。举首细看,28个字,我一个也找不到,认不出。可是,人间毕竟有了文字。文字在发展。科学文化在发展。可笑的是,远古至今,星流日转,仍有牛鬼蛇神害怕人民识字有文化!林彪、"四人帮"暴跳嚎叫,大肆鼓吹"焚书坑儒",欲毁我五千年文化精华于一旦,拒世界优秀文化于国门之外。他们远远听见"四个现代化",就像鬼怪瞥见照妖镜之灵光,赶快撒出浑身解数。而唯独他们自己能独霸天机,独知天秘,大书帮文,大播帮语,横扫狠砸,武卫文攻,空留下乌焦一片鬼话连篇,是为20世纪70年代人间之奇景也！嗑兮，呜呼哀哉！

她??

驰车返回西安的路上，对我来说，最触目的是，展望山巅、野岭、川道、河滩，几百里长的公路两旁，几乎都是白杨、白杨、白杨，新栽的，成材的……在这阴坡油松阳坡橡、四旁沟洼核桃多的莽莽秦岭之地，我也几乎只认得出杨树，杨树，杨树……我分辨不出那些杨树是不是优种，只是老秦的话总响在我的耳边："如果我们都换种优选树种……"

我问书记老梁："为什么把老秦的杨树研究课题撤了呢？"虽然我知道老梁那时还没来植物园，还在原来单位被当成"走资派"批斗，但我还是向他提出了问题。他倒也答得出来："园里把这题目让给林业研究所了。"

"记得来植物园第一天，我听说老秦是被掐着脖子，才勉强搞药的。从研究杨树到研究野生药物驯化，算不算用非所学呢？"我知道老梁过去也是农学院的，是懂业务的领导。

"不能那么说。"老梁说，"就好像演员演戏，今天演这个，明天演那个，说不上是改行。"

我不同意地摇摇头。我虽然不懂植物学的分类究竟多细，但高高的乔木和遍野丛生蔓长的草药，它们除了都可称是植物、都是靠光合作用生长叶绿素外，其中差距有多远，我还是多少知道一点。我说："她大学四年，实际工作六年，搞的都是杨树，忽然丢下杨树搞药,对她个人的研究专业来说,不能不说是改行。就像演电影、话剧的,你让他改唱京戏,即使掐着他脖子也是唱不出来的。"

梁书记解释说:"植物园根据生产需要改变研究课题,是常事。"

"那不能把老秦调到林业研究所吗?"

老梁忙说:"哎哎,老黄你可不能拆我的台啊!"

我也笑了:"现在你就是掐她脖子,恐怕她也不愿放下药呵。"

我又继续问:"锯树是怎么回事?"

"锯什么树?"

"锯外国的杨树品种,老秦为了这个不是跟人大吵过吗?"

"她就那脾气!嘴不饶人,爱吵爱闹。"

"吵得对不对?"

"有时也有道理,就是方法不对头。一次人家在杨树林里搭工棚,她说烟囱熏了树,大吵大闹。我们开了个会,把工棚撤了,换了地方。"

是的,老秦和我说过,梁书记为此召开了紧急会议。

我又问:"锯树呢?"

"那是间伐。一般长到一定年限,木心变色,或太密了,就应该间伐。"

"间伐?"我不言声了。如果应该间伐,老秦大吵,就是无理取闹。

我曾问某同志:"你对老秦在洛南山区的野生药材驯化研究工作怎么估价?"答:"她还是肯吃苦,肯钻的。不过,洛南县野生药材驯化有成绩,也不是老秦一个人搞出来的。何况,严格地说,那也算不了科研,很多地方都搞成功了。农民自己都会搞。"

"那用超声波科学处理种子的经验算不算科研成果?"我想起了老秦那密密麻麻的笔记,对比试验的记录卡片和用"西安植物园科研小组"的署名刊印出来的经验材料。

答:"那是很一般的处理种子的方法,谈不上科研成果,而且也没做否定试验。"

是我对什么叫科研、什么叫成果的提问方式本身不对头,还是?……

我问某骨干:"现在回过头来看,当初对秦官属的批判是否对头?那样的冲击是否过头?"

回答是:"我们园里相当文明,又没打过她,只不过挂挂白袖章,批了几次,短期隔离,劳动劳动。群众运动嘛,她应该正确对待。"

"对这样一位立了专案的同志,该怎么落实政策?"

对方觉得我的提问很奇怪:"她还有什么落实政策问题?都去北京开过会了嘛!又没给她定什么性,档案里也没塞进什么材料。再说,她也不是一点问题也没有,她……"

我问曾经是"秦官属专案"组的负责人:"老秦究竟是不是地主出身?"

他很严肃地回答:"填出身定成分的政策界限是硬碰硬的。

她上大学时,乡里填送的表格上写着:出身:地主。"

"老秦1951年上大学,这是土改后的结论吗?"

"这次运动,我们又外调了。地主出身是肯定的。"

"那为什么老秦说,政府没给她父亲戴地主帽子。"

"人总是要为自己辩护的。"他说。

"人总是要为自己辩护的。"我说。

唉,植物界没有两片相同叶脉的叶子;而人界,却有着统一的表格,出身一栏只够写三五个字,怎么表达得出中国社会长期以来那么复杂的情况……唉,本来,什么出身并无大碍。毛主席历来倡导:"有成分论,不唯成分论,重在表现。"可是让林彪、"四人帮"祸害得啊,这个本人无从选择的出身,简直要命哩!

我又问另一位骨干:"这么多年来,西安植物园的领导对老秦在洛南的工作算是支持的吧?"

答:"支持得不够。但,这是园里的重点科研项目,总的来说……是支持的。"

"那为什么在她这个课题组长的身边,技术人员一直在调换?合作者、助手为什么那么不稳定?"

"老秦脾气暴。另外,作风也不大正派。有个青年技工和她配合挺好,可是她……唉……"

我的心一沉,朴朴实实的老秦……我问:"那青年多大岁数?"

答:"二十五六岁。"

我的心又一沉:"怎么搞的?!"

对方说:"是啊,她把他介绍给自己女儿搞对象,现在八成都快成她女婿啦。"

我惊讶得眼睛都直了:"那怎么样哪？那又怎么样哪？"

"别人议论可大啦！"

天啊……

最后,我问老梁:"你说,报道老秦的这篇文章我是写,还是不写？"

"你写,你当然可以写。"

"你们园里干部和群众,对她有意见的不在少数。我写了,会不会有反作用？"

"不碍,我们组织上做工作。大家也是说说罢了。现在各人都有一摊业务,忙六分之五还忙不过来呢！管不了那么多……"

是啊,我曾问过一些人:"你们是不是不同意秦官属出席全国科学大会？"

有的同志回答说:"赞成。"有的却说:"也没什么,去也去了,反正有个名额,可以去个人,但是起标兵作用,向她学习,那可办不到！"

"我为什么写她呢？"我也不知是问自己,还是问书记。

"老黄同志啊,落实政策嘛！党中央大抓科研,团结一切可以团结的力量,调动一切可以调动的积极因素嘛！"

那秦官属算不算可以团结的力量？是不是可以调动的积极因素？

又是一个星期日。对我们搞创作的人来说,上帝的安排和法定的例行假日,都关系不大。在我又了解到一些情况之后,有多少问号在我脑子里翻腾!我苦于自己政治理论水平太低,逻辑思维能力太差。我不知道自己碰到的情况,说明什么问题。但老秦在洛南山区留给我的印象很深,我很想写写她。

我的脑子都想胀了,就强迫自己先翻翻植物学方面的书籍。我像学生一样认真地做着阅读摘记:

纤维素——是使植物具有刚性和强度的物质。假如没有纤维素,所有植物都会像胶状物那样柔软;而当下雨时,就会被溶化掉。……不溶性、抗热能力和高抗张强度,使纤维素分子对植物极为有用……所有这些,都起源于依靠太阳能所进行的光合作用。就像老秦,她在党的阳光下……(呀,怎么拿老秦和植物类比?)

我接着阅读:

植物生长发育的必需元素是:碳、氢、氧、氮、磷、钾、钙、镁、硫、铁、锰、铜、锌、钼、硼……数一数,必需元素在15种以上,而有些人只会给植物"二二三""六六六""DDV",天天打除虫剂还了得。(行了行了,思想别开小差……)缺少某一元素时,植物体就会出现某种病症。只有补加所缺元素,病状才能消失。秦官属缺少哪种必需元素呢?她为什么过早地白了头发?她的性格为什么变了;她本来在学校里爱唱歌,爱打球,爱傻笑……(哎,我干吗又连上她?)

我继续阅读——

自由水：不被植物细胞内的胶体所束缚……束缚水：与植物细胞内的胶体结合，而不能自由流动的水分。抗热性、抗旱性和抗寒性较强的植物，体内束缚水较多。老秦束缚水较多……（糟糕，老秦不肯退出我的"植物生理学"笔记了！）

是的，是的啊！三年枝柴五年橡，七年矿柱十年檩。老秦同志，你自己已成长为一棵挺拔的、枝叶茂密的直木——大杨树了。风媒传花结籽。洛南县地图上的斑斑红点里，也都长出了秀丽的杨树苗苗。正是：

　　似杨枝沾土就活，
　　效丹参红在根本，
　　如桔梗开花漫野，
　　怀远志感报春晖……

忽然刘抗出现了："大星期天的，还把人头搋在书上！走，到我家玩玩去。今天不许工作，也不谈工作。"没二话地把我拽走了。

嗑着瓜子，喝着茶，聊着这个那个，我也不记得了。反正谈着谈着，瓜子不嗑了，茶忘喝了。不知咋的，我就谈起老秦的事儿来了。当我讲到"老秦就在大杨树前头一站，大喝一声，谁敢锯！要锯就先锯我！"时，刘抗同志不自觉地站了起来，说："太好啦！我们有这样的女干部，实在是太好了！我们本来对她了解很不够……"我觉得她相当了解老秦。要不,老秦处在这种情况下,怎么能去北京开会?可是刘抗同志为什么还是不提她去过山区的事?

我说:"有人说那树该锯,是间伐。"

刘抗说:"噢?……我想对杨树种圃该不该间伐,从西安植物园来说,最有发言权的,应该是秦官属吧!"

"矛盾着的问题很多,我希望向省科委作一次正式汇报。"

"你和杨戈同志谈一下吧,我来约时间。"刘抗说。

我一见杨戈同志的面,他就对我说:"关于锯杨树的问题,间伐是站不住脚的。当时,植物园领导决定间伐,实际是挑粗粗大大的伐,主要是盖房子要用材料,因此秦官属同志怒火三丈是对的。这连老梁也承认了。这件事说明秦官属同志的斗争性是很强的。"

我对杨戈同志说:"报告文学一般以表扬先进为主,写出主要人物先进的一面。现在秦官属同志的问题已超出了记者调查的范围,是否请省科委派一个调查小组去调查落实,比如秦官属同志的地主出身问题……"

杨戈同志说:"就是地主出身,又为什么不能写呢?重在表现嘛!就是地主出身,可是在三大革命运动中洗刷了地主阶级烙印,证明我们党的力量嘛!"

我说:"我的意思是她家在解放前几年主要经济来源是靠她父亲和她自己教书的收入,土地剥削量不到总收入的三分之一。当然旧知识分子的经历是复杂的,但经过了那么多运动,也有结论,应该说是清楚的。解放初期,她父亲是地区林业局局长、政协主席、技术干部,而她的母亲则是个有着卖身契的壮族女奴。和秦官属挨肩只差一两岁的弟弟、妹妹都是职员出身,她为什么是地主出身呢?"文化大革命"运动中,她父亲被扫地出门,遣返原籍,身染重病。秦官属把他接回城里,死在她家——这就构成了她是'地主阶级孝子贤孙'的主要罪状。"

杨戈同志沉默半晌,说:"宗英同志,我看你大胆写吧。你亲耳听到了贫下中农、基层干部对她的反映,你亲眼看到了她在山区的艰苦努力,你为什么老嘀咕你没有看到的档案里的材料呢?出身问题我们帮你调查调查,存而后论罢。我看,你是不是心有余悸啊?"

我说:"她父亲即使是战犯我也敢写她!可情况得明啊。这是写真人真事的报告文学的起码条件。秦官属的家庭成员中,有七个是搞林的。她父亲,她两个弟弟,两个弟媳,她爱人,都是搞林的。你们陕西榆林地区干得颇有成绩的飞机造林——第一批去的成员里,就有老秦的爱人。搞林业,有多艰苦,不用我说。……地主……孝子贤孙……他们一家子疯啦,已经是社会主义社会了,竟然野心勃勃,想分霸祖国荒山大漠?他们想当'林主'吗?!"我不知是跟谁生气,一肚子火,连说话都粗声粗气了。好在杨戈同志并不在乎,笑眯眯地看着我,说:"写吧,你就写吧。我们支持你,不要怕。"

我不是胆小的人,也不是很勇敢的人。我的工作是要用笔向社会说话,怕也白搭,悸也无用。我要尽可能地了解一个人的全部情况,以便把握住他的基本素质。当然,秦官属也不是没有缺点。世界观完全改造好了的人能找出几个呢?一个人的优点和缺点,往往是一面镜子的两个方面。今天,促成一个人做出成绩的优点,以后又往往成为他犯错误的前因。一个人是好是坏,并不决定于他做出成绩的大小、犯过错误的多少。要紧的是他的基本素质。如今呢,秦官属同志的情况不清不楚、不明不白。虽然我的采访日记里已记了满满一本子,可还是个乱线团,没摘出个头绪来。

在"文化大革命"中,我们认识了许多人(包括自己),也一下子知道了许许多多本来不认识的人的事情。有人一提到某某,人们就说:"噢——我知道。"他们相识吗?不。"大字报上写的……""小报上登的……""批斗会上听的……"啊,有多少不做结论的专案,没有入档的材料,以及存而后论的出身、成分、问题……漂洋过海,传播四方,抹不掉,洗不清。西安植物园里的同志们,本来对秦官属并没有什么个人成见、个人恩怨。造成如此局面的根由、造成致命内伤的元凶,就是万恶的"四人帮"!"四人帮"强迫人们戴上了形而上学的眼镜;"四人帮"阴毒地使革命队伍内部、同志之间彼此相看时,"管窥蠡测"地只看对方的污点、缺点——扩大了的、硬上纲的变了形的、无中生有的……是"四人帮"发明了种种新式刑具——打着冒牌"马列"标记的思想的镣铐,刻着"全面专政"钢印的眼睛的枷锁……善良的人们啊,让我们尽快地清醒过来,团结起来。

本来,这篇报告文学对我来说,当大雁从北方飞来的时候就可以写了。可是,踌躇再三,难以动笔。矛盾写不写?写出来能发不能发?发了能不能解决问题?目前全国都在大力落实政策,陕西省也不例外。我现在发稿也许过时了吧?没有必要了吧?老秦毕竟是出席了全国科学大会的代表,毕竟比更大量的、默默地工作着的知识分子们的政策落实问题要好办些。从典型的普遍意义来说,真过时,真没必要了,那可是大喜特喜了。我嘀咕来,嘀咕去,仿佛进入了梦乡。我梦见:

大雁飞过我的窗前,盘旋,盘旋。大雁们围在我的书桌前,站成一个半圆,在观看、在议论我写下的草稿。只听得头雁用宽厚的男低音说:"呃,——这种情况很熟悉嘛,很熟悉。我们从北方飞到南方,从南方飞到北方,常常碰到,常常碰到!"

大雁们马上用各种声部参加讨论:"快——研究研究。""快——研究研究。"

大雁们把我写好的草稿一张一张地衔走了,衔走了。大雁们排成了人字形,飞远了,飞远了……

(原载《十月》1979年第1期)

小木屋

> 树林神：寨前寨后，各留一片千年万代不砍的老林——是树林神的庙。大年初一不能动神的任何树木。
>
> ——藏俗

都说，"烧头香"的人会有福气。

农历除夕的午夜，我也随俗呆在上海的家里。钟敲 12 响。爆竹声声催醉。我家也点燃了一袋十色焰火。立时，仿佛"三光同现"——或雨妙花、或焚妙香、或奏妙乐。瑞兆映得小楼前高大的塔松，显似树林神的化身。而我自己，却像被藏经中持五箭者射中。这一支支箭，使人能爱、醉、愚、瘦、被缚。我中了魔似的展开了稿纸……

"极喜自在魔，他化自在天。"又是一年新春开笔，上上大吉。啊嗬！

九九八十一个连环谜

1982年9月初。我随着中国作家协会参观访问团,来到了西藏。我躲过了体格检查。好家伙,一体检,我们团12名团员去掉仨。在西安,友人张医生为我量了血压——正常。行——拜拜!

西藏啊,西藏!你究竟是古老还是年轻?是滞留于落后还是迅速在前进?是富裕还是贫穷?许多中国人把你传得很可怕、荒凉,许多外国人都争着抢着来看望你。啊,都有根据,也都有道理。迷人的西藏,我国八分之一国土面积的神土啊,你怀里揣着九九八十一个连环的谜语。

千岩万壑在造山运动中,刹然在这里"定格"不动了。如果你走进寺庙,历史也仿佛"定格"不动了。经幡、圣水、酥油灯,五体投地一次又一次地长拜、呢呢喃喃一遍又一遍地诵经……既然我不是研究宗教的,那么,让外国旅游者去惊叹并拍摄这宗教自由吧。我要在西藏寻访科学的"未来佛"的"圣殿";寻访智慧转世的"玉女仙童";寻访创造新天地的"五百罗汉";寻访能破神土之谜的"千尊金佛"!

我曾先后"朝拜"过日喀则农牧研究所、沃卡电站、羊八井地热站、太阳能研究所、藏医院、地质局等等大"庙"小"庙";会见过许许多多"金刚"、"罗汉"、"真神"。如果我长着三头六臂千只手,我愿一一为他们塑像披金。愿他们一一显灵显圣显神通,变西藏为福地。

只是,时辰已到!

第二天(10月4日),我们就要飞离西藏。访问团能按预定日程回返,是对邀请来的贵宾的特殊优待。预订机票已登记到开年3月。

招待所在布达拉宫脚下。我和伙伴们纷纷摄影留念。

别了——拉萨(藏语:神住的地方)。我摘采着招待所花圃里的种籽;才来时,花儿正盛开,如今已结籽了。娇黄的金盏花、艳红的豌豆花、雪白的山菊花……说不定是当年文成公主带来的,文成不仅带来佛像,还带来医药、蚕种、技工……解放以来,又有多少"文成公主"……其实,文成公主若不来西藏,她的生命也没什么意义,应该说,西藏赋予她存在的价值……

该辞行的单位去辞行过了;该告别的友人,已告过别了;账也结了,行装也理好;集中到指定的房间里……

今夕何夕,访问团的同志们和我"吵"了起来:

"什么?退机票?"

我微笑——是那种存心气人的微笑:"嗯,退——机——票。"

"荒唐!为什么?"

"想到大森林里住住小帐篷,我碰到了几位搞林的。咱们走这一个月也没看见什么树……"

"好,好,以后陪你去看树,现在随团回去……"他们在哄孩子了。

"不。"

"你是要写他们吗?"

"还说不上……"

"那更胡闹了!你总有什么目的?"

"好玩!"我理直气壮地回答。

"好玩?"

"好奇!"

"好奇?"

"不可以吗?外国人几万里来到西藏,签证到期了,还赖着不走。我就不可以多玩些日子吗?"

"随团回去!"他们火啦。

我也火啦!拧劲上来了,挂长途,找上级:"我是在自己祖国的土地上。我有去留的自由,你说句话!我死不了!大狗熊不吃我!"

波密会议

大狗熊,端坐在云杉枝叶的沙发上。

西藏东南,波密县境。岗乡秋日胜春朝。

百鸟恰恰争啼,百兽恰恰相嬉。

"怎么?"大狗熊问,"月亮缺过又圆了,还查不出那几个连毛也不长的人,究竟来干什么?"

"我汇报过多少遍啦!"喜鹊喳喳地,"他们一共是四个藏族人、五个汉族人、支起三项帐篷。为首的是南京林学院教生态学的徐老师,女的,还有一个女的……"

"头脑简单!"大狗熊生气地,"我们需要明确的结论:是好人? 坏人? 是朋友? 是敌人?"

夜莺婉转:"我看,他们是勤劳的人。我夜夜飞过他们的帐篷,他们都点着蜡烛,细数树哥哥的年轮。从东南西北对着数。数了量,量了数,仿佛在弹奏新式的琴……"

阳雀抢板:"是啊,一大早,他们就钻林子,背着干粮,一干一整天……"

牦牛说:"唔,他们把树枝树叶都称过。一天要称几千斤。我恨不得借点力气给他们。"

地鼠说:"他们连树根根、树须须也称。"

花大姐说:"一片叶子也不放过。有一位叫胖朱的,把大小避债蛾、云杉木虱、松褐天牛……这些败类,钉了起来,把我们瓢虫类同胞姐妹请进小匣,高兴地说,'可能是新种!'"

"本质! 要看本质!"大狗熊提醒。

山羊咳嗽一声。他昨天钻进帐篷想吃白菜,没想到咬了一嘴辣腐乳:"依我看……咳咳,他们是来毁我家园的。那个徐老师,她说一共要砍十棵树。咳咳咳,愚蠢的人类!"

白唇鹿补充:"人类终将毁灭他们自己。"预见的惨景,使他的嘴唇更白了。

獐子说:"人类委实愚蠢混蛋之至,我今天一早,跑了九百九十九道岗,发现负责检查林木出境的林管站干部,又在搞'关系学',乱敲图章,放一车一车的原木出山,我看这一小队人,也不会比同类聪明。"

大狗熊:"没有区别,就无所谓政策。你具体调查了吗?"

獐讪讪地:"那两个藏族——白玛、尼玛都带着枪,他们还说到麝香。"

"你怕啦！怕啦！"小黄鼬自大地,"我就不怕！"

獐承认地:"是的。我听到他们大声地念《萨迦格言》:'为了得到学问,小孩子的话也要听;为了得到香料,野兽的肚脐也要取。'我肚子一疼,就跑回来了。他们居心不良！"

"沙……沙……"云杉婆婆抖了抖满头的细辫子,"不,不。我想……搞科研总要付出些代价。他们解剖了我老伴,我很伤心。但我听到他们说,他在哪年受过压制、生过病。还说,看来云杉长到270岁生命力还很旺盛。唉,能被人理解,能使我云杉属今后多作贡献,我老伴死也瞑目。孩子们,你们说呢?"

"沙……啦啦啦啦。我们情愿牺牲！为了让我们的弟弟妹妹、子子孙孙能幸福地成长。"高原巨柏、高山松、青枫木、爬地柏、延龄草……也都随声附和:"情愿！情愿！"

长尾叶猴发言了:"那么……"大家都笑了。因为这老猴昨天抢了那女作家的眼镜,架在鼻梁上,看着很不习惯。

是这样的:昨天作家在树林里发谬论:"人若没有向往,就和禽兽没有区分。"话音刚落,猴儿们都吱吱啊啊叫了起来:"看不起俺动物？动物比你们人类聪明。连小兔儿也不把窝边的草啃光！"猴子猴孙一齐上,拿小石子扔这一小队人……

当其时,大地母亲也叹息说:"是啊,我把水给了树根、树干、树冠。这些败家子！杀树绝水！唉,我养了白痴!"

"那么……归根到底,咱们速作决定:是打击,是支持,还是统战?"狗熊站了起来。

森林里乱了好大一阵。云、雾、风、雷也都赶来,因为他们都与生态学有关。每天五次三番,这一小队人有值班的,把他们的行动一一记下来,所以,他们不能不表态。

最后,大家举足通过决议:按兵不动,远距离防守,适当地予以保护。

于是,狗熊一步一个大脚窝,把足迹留在这一小队人常走的林间小路上,它想试试这些知识分子的胆量和意志。那个戴小白帽的女生态学者徐凤翔,52岁了,还和猴儿赛跑,难道她真能像我们古老的前辈——凤凰般飞翔吗?她图什么呢?名利思想?好嘛!大家都来名利名利,欢迎!

只有小黄鼬刚才没举足,它叨咕:"统一行动,没劲!我可还要去,那简装罐头特好吃。"

黄鼬的新媳妇说:"别,人家有枪。那位藏族白玛副连长说打树梢顶叶,不会错打树枝儿。"

"没关系,他们说我是益兽。我去了那么多回,每趟都吃得饱饱的,他们并没把我怎么样。"

"那咱们更得尊重自己。"新娘说。

"女的最婆婆妈妈。"

暮雨微微,朝云灿灿。黄鼬郎又溜到帐篷边野炊的小木棚里去了。他刚把头伸进罐头,枪就响了,透过铁皮,正中脑部,黄鼬本能地一哆嗦,整个身体就进了罐头。当藏马鸡来报丧时,新娘一边抹泪,一边说:"也怪不得人家白玛副连长,郎啊郎……"

蘑菇的玩笑

乱峰相挤,使我想起童年、北方的冬日、学校的墙边,小小伙伴们挤在一起笑啊哼啊:"挤啊、挤啊、挤老米啊……"群山竟然把耸立的雪峰挤到我跟前,仿佛一伸手,就可以采到雪莲。

徐老师说:

"那是能见度大,大气中绝少尘烟,所以天空特别蓝。我大口吞着气。既然这里空气中的氧,只有内地的三分之一,吃不着干饭,多喝点稀饭也当饱。"林学家们笑说:"省点力气!科学下会验证你的补偿呼吸。"

"谁让你们都戴着小白帽,让我觉得是少先队来过夏令营。"

"当然,和云杉的龄级比,咱们还在摇篮里!"是的,云杉以20年为一龄级。

我把测高仪、风向风速仪、干湿球温度计等仪器和油锯都玩遍了,就抢着站在大树前,为林学家们当摄影时的比例标杆。我身高一米六十九,像耶稣一样站成十字,手指够不着大树的边边,仰头看不见大树的尖尖,我高呼:"啊,天父啊,愿人都尊你的名为圣,愿人间的梦能实现。阿门!"

太阳今天不肯和我玩,森林里阴冷。徐凤翔又在埋头数年轮,鼻子都快碰到树盘了。我可不高兴干。我插着插着针,脑子会不知跑到哪儿去。插错一根,两百多根都得从头来过。不干不干!

燃起一小堆篝火,打好了酥油茶,烤好了饼,还有藏族民工阿福从家里带来的奶渣、酸奶子、糌粑粉……围着火堆,我们香香地吃了中饭。他们扭头就又各司其事去了,没人陪我耍。

"沙——啦啦啦,沙——啦啦啦。"风轻轻,水清清,依恋着密丛丛的森林在练习合唱。徐老师说,这里的森林蓄积量,每公顷3 500至3 800立方米,说是世界罕见。我闹不清他们怎么算出来的。秋山,恰似"围裙之乡"——姐德秀的巧手织的氆氇卡垫、邦典,由千种万种颜色织成的。是的,姐德秀的氆氇永不变色,就是从植物里提炼的颜料。可徐老师说,这山景叫垂直带谱。每种植物,都各自分布在一定的地带……

我背起七彩的布包,去采蘑菇。

灵芝和我捉迷藏,天麻早早收起了他的旗儿,银耳太害羞。猴头菌爬得太高,欺我不会上树。紫蘑菇,我不理她,是妖女,会摄你的魂。黄黄、白白的蘑菇,是可以信任的。打着小伞的蘑菇招呼我:来呀、来呀!顶着大帽的蘑菇扯着我裤腿:我和你走,和你走。我欢欢喜喜地采啊,采啊……徐凤翔大声喊:"黄老师!别跑远了,有熊!"我回答:"嗥——嗥——"他们过一会儿,叫我几声。我答:"啊呜——啊呜——"

"啊呜呜啊——啊呜——"哎呀,什么野物应着我嚎了起来,"呀——"徐老师说:"别怕,黄老师,那是牦牛。""牦牛不是这么叫啊?""他在找女朋友。"徐老师头也不抬地解释。

白玛跑过来,拎过我的七彩包:"给你武器,咱们该回营地做饭了。明天再采,吃新鲜的。"我的武器,是白玛为我削的一根竹棍,西藏也有美丽的竹林,我又没想到。全队九人,只我一个人拄棍。藏族健步如飞,能登峭岩。那几个汉人,搞林的,都有返祖现象,似类人猿。他们舒舒坦坦行半小时的路,我得紧赶慢赶花上一个半小时,还一路脱外衣、羽绒背心、毛衣,系在腰里。原来,藏族常常脱掉一只袖子或把衣服系腰里的习惯,是这里特殊气候的产物。太阳一出来,热得冒油,太阳刚躲进云层,就恨不得披棉袄了。中午,帐篷里蒸得进不去人;夜间,哈气结在睡袋上变成薄冰……

"沙啦啦啦,沙啦啦啦。"白玛开路,为我砍掉迎面扑来的荆棘、漆树的枝杈。我们从云杉林分,渐渐走向高山松林分,渐渐走向针阔叶混交林,走向灌丛。"哟!什么咬我……""你惹它干吗?是火麻。""引火的吗?""你们叫荨麻。""让我认认。""快走吧!下回再认。"乌鸦在叫,什么在吼。白玛下意识地摸枪,警觉地听辨:"还是那头公牦牛,要出事。""找女朋友。""不是季节。"这,我信任白玛,他从小牧羊放牛。牦牛吼了又吼。白玛皱紧眉头:"今天一定要出事儿。""你迷信吗?""共产党员还能迷信!""啊——呜、呜、呜噢——呜呜呜"、"刮刮刮"。白玛的眉头拧成结绳记事的疙瘩:"今晚不定出什么事儿,不对头。"

白玛,藏语牡丹花。年方二十八,英俊威武。我问:"你这么个黑小伙,怎么叫牡丹花儿?"白玛不高兴地:"我们藏族生下来并不黑。"我连忙解释:"黑才漂亮!"白玛挽起袖子给我看,是不黑。

可他那一手扑获拳,碰上可没跑。白玛还要为"黑"辩护:"你才来几天,不也黑了吗?'高原补贴'——强紫外线嘛!看你回去拍不成电影了。""早不演了!再说,我可以演小强巴的奶奶呀。剪了头发,反串牡丹花也行。"白玛又当我取笑他:"我本来不叫白玛,七岁上生了一场大病,爹妈给改了个姑娘名。""咦?和我们汉族的民间风俗一样!起姑娘名,玉皇和阎王都不要他了。天堂地狱也都重男轻女。"

"那是汉族和我们藏族一样,你们学我们。"

"好吧,好吧。"反正我又不是考古学家、民俗学家;从西藏已发掘的新石器时代遗址来看,无论是器物、器形、质料,都和内地文化相同近似。五千年前已属同一渊源,我和白玛争个什么?团结为上。

我说:"这又不是什么好事,学来学去的!"

白玛也说:"真邪门儿,不好的事,学得可快!"

"是啊……"于是我们谈起了社会上流行的"阴暗面",分析奴隶制度与封建制度在现实中的投影……

两个不同民族的中国共产党党员,默默地在崎岖的山间小径上走着,行进着。白玛不时地搀我一下,拉我一把。沉默……沉默……

回到营地。打开半导体,是印度乐曲。这里离印度很近,合着音乐的节拍,我们忙乎起来。

白玛赶紧点火,添柴;我赶紧擀花椒,切葱花。白玛赶紧和面;我赶紧烙饼。白玛赶紧淘米,煮饭;我赶紧切白菜、泡粉条。

白玛赶紧开罐头;我赶紧洗蘑菇。白玛已经来来回回下沟底取来一桶一桶清凉洁净的山泉水;我赶紧装火锅。火锅是在波密县城买的(西藏铜多、银多、金多、硼砂更多)。山高气候冷,野外吃饭,几口就凉了,火锅最妙,好歹淘点热汤。白玛把烧红的炭从野灶膛里扒出来,我把军区唐助理送我的金针菜放上几根,切几片胡萝卜配色。我淌汗了,白玛只穿一件衬衣、一件织得很精巧的透花背心,是女友的手艺。凡是重活,当然都是白玛包了,连从野灶上端锅我都怕烧手。我们的灶,白玛修了三个火眼。烙好饼,没盘,没盖垫,就用《西藏文艺》杂志当生熟容器。不知编辑部听了是高兴,还是生气!

天麻麻黑了。同志们像修布达拉宫的山羊似的,背着树盘、树段,还有一路拣的柴火,回来啦。当他们一个个倚着帐篷前的巨石,放下负担,就仿佛再也站不起来了。

"好香!在河对面就闻到了!""太香了!""今儿吃什么好东西?""爬下!(藏语:猪肉)"我馋他们,我们自打上山就没吃过鲜肉,又没工夫打猎,天天开罐头。人家都说:"你们怎不拿罐头换点鸡蛋,或换只鸡吃吃呢?"在西藏,以物易物是合法的,可我们不习惯。

"蘑菇汤!胖朱老师,你检查吗?"我问。

我们队里有一位姓朱,一位姓邹。藏族兄弟分不清,我们就管从贵州来西藏农牧学院教植保的老师叫胖朱,管南京林学院教植物分类的叫小邹。每次,我捡来蘑菇,胖朱老师都一一过目,还扒了吹,吹了看。我不懂蘑菇和他说啥。

"你今天捡的是什么蘑菇?""都是熟脸蛋儿,这些天常吃的,纪念邮票上还有呢,那些鲜艳的嫌疑分子们,我一个没理,我想甬检查了吧。"

"这只大黑蘑菇……"

"黑蘑菇好吃,上次徐老师说它是冠军。什么都看不见了,我们下锅啦。"

"我今天剥了七颗大蒜。"白玛说。

"快洗脸吧!"我催着。

"热水估计 65 度,比较标准。至少先洗前足,天黑下来,别吃到嗅觉器官里去。"林学家们老用学术词儿,白玛也传染了:"黄老师,你看颗颗大蒜雪雪白。"据说,大蒜不变色,表示蘑菇没毒。

"没问题! 克拉萨! 克——拉——萨!"我朗声高叫。全体藏族和汉族队员公认我这句藏语"吃饭啦",说得最准确、最悦耳。

我们的给养,是波密驻军调拨的。从拉萨出发,我们每个人手里拿着一叠介绍信,公家开的、朋友写给朋友的。西藏地广人稀,沿路往往要到朋友的朋友的朋友家去讨顿热饭吃,讨碗开水喝。如果车子抛锚在四五千公尺的山顶,人民币、外币、兑换券都等于零。干粮,可不敢轻易动,雪是饮料。我们驰过海拔 4 700 米的色吉拉山,途经世界闻名的雅鲁藏布江大拐弯,徐老师前年经此,遇泥石流阻道,曾攀过吊索,越过深不可测的峡谷急流。此番是树林神保佑吧,600 余公里无事故安全到达目的地——波密。我们一心投奔部队——亲人。停车后,我们取出各种介绍信。徐老师问:"去大站,去小站? 这里有两个兵站。"我说:"哪个门口大,去哪个。咱们又不是只想买几斤挂面!"于是,自治区科委的小裴师傅就把车开往以山为屏风、以大桥为前沿的、有解放军站岗的大门里。从此,兵遇见秀才,别见怪,一切多——依——赖!

喝完最后一口蘑菇汤,天黑得分不清路和沟,月亮姗姗来迟,我借灶里余火的光,给自己倒了碗开水,吞下一粒"速可眠"药片,累了。再说,晚上好像没我坐的地方,我索性睡大觉吧!回到帐篷里,林学家们照例地点亮好几支蜡烛,架好小天平,准备夜间作业。我准备在各种数据的声报和应答的催眠曲中入梦。徐老师啊!总是一口气也不让人家喘,有朝一日建了站,哪个跟她?说也奇怪,此番过林芝县,去农牧学院投宿,她的学生(如今已是老师)还抢着跟她!胖朱老师也退掉援藏期满返内地的机票,跟我们进了密林。学生们告诉我,徐老师可严格,一班总共30名学生,她给15名学生"不及格",校长说情也不行。她说:"我得对学生负责任。"女学生直哭,也不饶。可今晚……她……她两眼定住一动不动,脸绯红,紧紧抱住冲满开水的盐水瓶。

"胃又疼啦!"我问。

她痛苦地翻了翻汪着水的大眼睛,没回答。

"很不舒服吗?"我又问。她猛地站起,刚跑到帐篷外头,就呕吐了,小邹把她搀了进来。

我马上跑到一号帐篷(我们一共支起三顶帐篷。男同志把我们女篷夹在当中)。我还没开口,白玛捂着肚子坐在木墩上,也向我讨胃药。本来,白玛每晚都把锅盆擦得锃亮,我说:"会不会蘑菇中毒了？"白玛说："可能性极大,伊觉已经又吐又泻倒下了。"伊觉在三号帐篷,蒙着被头。伊觉是个没心没肺的活宝,一高兴就唱歌、跳舞,常常逗得我们肚子笑疼。他要倒下,那就真倒下了。我也想倒下,不知是安眠药还是蘑菇汤的作用。小李子脸煞白,小邹也不舒服……

我说："能吐能泻,大概不要紧。"可我忽然想起外国影片《蘑菇人》里有个镜头：为试验蘑菇有毒无毒的奴隶的吐物,狗走过吃了下去,马上死了。我赶紧动脑筋："咱们想办法灌肠吧,我那氧气袋上有一截皮管……"

"氧气袋你不是扔在营房了吗？"白玛说,"我说带上,你说用不着。"

"高锰酸钾也没有,喝肥皂水吧。"我胡出主意,我是临时卫生员,军区后勤唐助理给我的药品较多,朋友们又都送我点备用药,光是感冒药和Vc够我们全队吃的。

没一个人响应我的号召,连我自己也不知道自己出的是好主意,还是馊主意？我也不喝肥皂水,大家都撑不住了。是上山来第一次,徐凤翔发慈悲,宣布："今儿不打夜班了,早点休息吧。大家警惕些,彼此照顾,只要今晚不出事,明天一早阿福他们来上班,就好办了,尼玛取盐回来,也可以骑马去喊医生。"

胖朱老师皱起他那没褶的前额："如果吃蘑菇中毒死了,就太坍台了,咱们是学林的啊！"

"是有点出洋相。"徐老师也为此仿佛特担心。

"是我的责任,我写个说明就是了。"我说。

"怎么是你的责任,真菌是一门专门的学科。"徐说,"是我的责任,上山来就不该……"他们研究起究竟是哪一只蘑菇有毒,又猜也许只是钻进了一只小毒昆虫……

我不管是谁的责任了,也无法追究是哪只蘑菇或哪只昆虫的罪行了,我的四肢已经麻木,麻木感硝烟似地向心脏和大脑侵袭,全队至此就我一个人没吐,不知是安眠药镇得反应迟钝,抑是体质特佳或特差;可能今晚上帝或阎王会告诉我。我把鸭绒睡袋的拉链拉严实。睡袋是在拉萨时,地质区域调查队傅大队长借给我和徐的。睡袋装三斤鸭绒,原来是五斤装;今年同样价格,少了两斤,傅大队长让我带话给上海的厂商,说:"知不知道带这么薄的睡袋去无人区(6 000米以上)要冻死人?"我想:是要冻死人!我们只不过睡在海拔3 000米左右的帐篷里,还要加盖大衣、棉衣、换洗内衣,什么都加上去了,还冷。一早,碰什么都冰胶霜凝,连头发也是湿漉漉的,明早头发可能也上冻……

我才迷糊过去,小邹穿着卫生衫裤跑进二号帐篷:"快!快!黄教师,你的心脏病的急救药,小李子的脉搏摸不到了!"小邹那由于漆树过敏而变形的脸,搞不清楚是什么表情。

"啊?"我和徐都从睡袋里坐起来,慌乱中,拉链也拉不开了。"急救药!我搁在哪儿啦?我这人……"徐赶忙多点起几支蜡,又递过次品电筒(只她会用,对我无用,我的电筒早没电池了)。大家急急忙忙在我上衣口袋里,枕头底下,褥子下翻啊翻,翻到装着硝酸甘油和一种液体小玻璃管的小瓶——说是窒息时,挤破在手帕里一闻,可以醒过来。小邹刚跑出二号帐篷,我又大叫:"小邹,我这是老年人冠心病用的,小李子……不一定对症,是不是灌点糖水……

徐又吐了……

白玛在一号帐篷喊:"徐老师,咱们鸣枪吧!"曲珠在一号帐篷喊:"我这里有'珍珠70号',能起死回生!"

"小邹老师……"徐凤翔又支撑着穿毛衣,腰里系的细塑料绳解不开了,"怎么样了,小李子……"

三号帐篷里,没有回答。

我想,明天,我应该用毛线给徐织条腰带。

"……摸到脉了!小李子!小李子?"

"不要紧……"小李子呻吟着。这呻吟太让人高兴了。

"好像不要紧了,你们都别动,别起来了,这儿有我!"小邹忘了自己也在折腾难过……

好热。我右手背上,一窜一窜地疼,火麻咬处发作了。知道疼,比什么都不知道好……

闹不清过了多久,我才又很不舒服地醒过来。只看见帐篷外人影绰绰,寒光零乱,你进我出……

徐呢?点着一支白蜡,烛泪阑珊,正聚精会神地在看我随身带的那本《唐诗绝句选》!她像吃奶渣般细细地咀嚼着诗句,可真绝!我一动,她马上警觉地回头。

我……一下子吐了。是我第一次,也是全队最末一个轮上。"好啰,好啰。"徐好像恭喜地,"我真怕你什么反应也没有,好啰。感觉怎么样?"

"可以,想睡。只是手背一刻一刻地疼……"

"荨麻螫了可厉害,我这儿有风油精。"她在《唐诗绝句选》里夹张小纸片后,递给我一个小瓶。

"荨麻,什么样儿?"

"荨麻是荨麻科艾麻属的一种,多年生草本。被螫毛触后有剧痛感。叶互生,圆锥花序。我国有14种……"

"知识分子们!"白玛喊,"我命令:睡觉!我要对你们负责!"

"白玛!"我检讨,"我下辈子也不采蘑菇了。要吃野蘑菇,一定先问旁边有没有医院。"

一、二、三号帐篷里都有笑声。

徐叫:"胖朱老师!"

"活着!"

"小李子!"

"活着!阎王嫌我太瘦小。"小李子是徐老师在西藏农牧学院任教时的学生,才22岁,现在在贡布江达县林管站工作。我们路经该县,县委正在开会,我们"迅雷不及掩耳"地和县委书记打个招呼,就把他"拐"来了。

"曲珠!"徐老师继续点名。

"我可以。"曲珠是波密林场的油锯手,工作踏踏实实,不怎么说话,渴望学现代技术。

"伊觉!……伊觉!"

"狭不达尹达(干杯)!"哈哈,伊觉不管上天堂还是下地狱,也还在"喝"呢,我们曾拿大米换了青稞,做了一坛青稞酒,伊觉喝得可高兴。生产队还照顾我们买酥油,每天早上,藏族兄弟都不嫌麻烦地煮茶,用简易的酥油桶打酥油茶喝。可惜,有天晚上,野狗钻进帐篷,叼走了酥油。我们听说藏族三天不喝酥油茶,身上就没劲儿;徐凤翔此刻安慰伊觉:"明天,我们再想办法买酥油。伊觉,听见吗?"

"吐吉切(谢谢)!"伊觉咕噜着。

"睡觉!"白玛大喝。

徐悄悄交给我一张活页笔记小纸:"这是马马虎虎画的荨麻的形状,明天……"我吹灭了蜡烛。

帐篷里渐渐安静了。帐篷外,山溪越唱越欢,起风了。马在刨什么,又有什么小动物从我头上跑过去……渐渐地,声音远去了,远去了。西藏寺庙里描绘十八层地狱的壁画——活动了起来。我被判处砍掉右手的刑罚,因为生前写文章太没规矩,呀,我可不知道阴间也那么讲规矩。

……一道亮光投入地狱。

亮光被遮住了。一个婆娑迷离的身影,身影慢慢移动了。亮处又出现一处身影,又移动、又出现……三仙女显灵了。帐篷对面是三仙女峰。尼玛说,北京来的勘探队也证明有三仙女。若非语言的误会,这倒是全世界头版头条新闻。三仙女向我移步走来。"喝点开水吧。"三仙女又并成一个,是凤翔,站在我床边。

"都……活着?"我有气无力地问。

"都好好地睡着呢!"她顽皮样地笑了笑。仿佛咱们这帮孩子做错了事,又躲过了惩罚。

我抿着开水:"你解决了烧水的实践问题。"

徐除了和树打交道,显得能耐;其他,都笨如木头疙瘩。

"她一添火,就把火弄灭了,还解释,从理论上,我……"

"得了,你那理论靠边,看我实践吧。"白玛只扒拉两下,吹口大气,火就呼呼地了。

凤翔之"笨",令我费解。高原风厉,帐篷又漏缝。我的脑袋最怕冷。有人下山,就托人家买了两匝毛线(西藏本地的毛线和毛毯,都是纯羊毛的),挤出两天闲工夫,我织好一顶小帽;还麻烦徐伸出两个手指头来,绕了一个小绒球。徐眨眨眼睛:"一根线,怎么被你扭来扭去,就扭出个帽子来呢?""你不会织毛线?"江南女子不会织毛线的绝少。徐是江苏丹阳人,久居南京,有儿、有女、有老伴儿,她怎么连这点基本功也没有?

"在家,谁做饭呢?"西藏农牧学院盛传徐老师星期日用茶壶煮夹生干饭,挖不出来的笑话。

"老范。"

老范——范自强是她爱人,在南京林学院教化学,也许是"化"出三餐吧。去年,徐进林子,和男同志挤一个帐篷,睡在帐篷口。经常是吃糌粑、喝酥油茶、酸奶子。说实话,换了我,受不了。礼貌性地尝尝还可以。

听说,老范为了支持徐进藏,自己也到西藏农牧学院,教了半年化学;而家里一应事务,妻子一律不过手,只专心专业。徐也很不过意,常说:"早知道,我应该当尼姑,不要连累别人,还可以清静地伴着森林。"我说:"算了吧你!尼姑如今比咱们还忙,庙里比哪儿都热闹。"

　　蘑菇中毒后,每人脸庞都小了一号,走路晃晃悠悠的,肠胃也很不正常,而我的黄连素药片已全部被消灭。满山的三颗针,红红的叶子,煞是好看,虽是提炼黄连素的原料,但我们总不能吞针。大家什么也吃不下。我提议煮稀饭。停工一天,徐老师像掉了魂似的,也在小木棚边转。小木棚,是因为才进山时老下雨,无法举火,就捡来伐木场转移后丢下的旧木板搭的;大家动手,只我没动。搭好后,我占据木棚中心,很是自我欣赏,觉得颇像演卓文君,如果挂块牌子……我简直想把定位站的牌子挂在这儿。因为徐凤翔做梦也想建一座"高山森林生态定位研究站",向上级申请的报告已打过多次了。我想:我可以用锅底灰写在木板上,再挂上两只花灯笼——那是我从拉萨买来,一直带在行囊中,梦想着也许我们会突然收到一份电报,批准了"定位站"的建立。那就点起灯笼,斟满青稞酒,跳起藏族的舞蹈……

　　"我能做点什么吗?"徐问。

　　"咱们素炒个白菜吧。增加点 Vc,少炒点,粗纤维滑肠,你切点葱花,去去油腥。"我说。

　　徐一本正经地问:"零点几厘米?"

　　"什么?"我眼睛都瞪凸了,好容易明白过来,她问的是葱花,"咳——随便!"

　　"规格不明确,我很难执行。"

　　"长点短点都行!"

　　"都行……"她举着刀迟迟疑疑。那神气气得我长出力气来,我数快板似的说:"同志!切葱,可分葱花、葱节、葱段、葱丝、葱泥、葱汁、兰花葱。你……任择其一!"

她像一头挨了揍的可爱的小狗,闪着惊慌的眼神:"……那么复杂……我还是别切了。"我的油冒烟了,夺过刀,三下五除二,把葱剁巴剁巴扔锅里了。

记得还有一次,也是一大早,我还没穿鞋呢,她问我:"起来啦?"

"你不是让我拍摄多么美多么美的晨曦和日出吗?"

"你抽烟吗?"

"干吗?大清老早的,你什么工夫学会客套啦?停可美(藏语:不抽)。"

"我需要你的协助。一只草虱叮在我的肩部。"

"什么虱?"

"一种蜱螨目的小动物,它叮在人体上吸血。昨晚我躺下去,这里又痒又疼,我就猜又是草虱,拿手电一照,果然。"

"你怎么不弄掉呢?"

"弄不掉!不能硬拔,最好用烟头烫。"

"那你昨晚上怎不叫我烫?"

"我看你累了。"

"唉……"我点着一支烟。她脱去鸭绒外衣,解开对襟的,买来的羊绒衣,可解不开绑在腰部的细塑料绳(她胃寒,我真该给她织根腰带)。她裸露出瘦削的美人肩。清晨,帐篷里好冷,毛巾冻得像页岩石片。那草虱,只绿豆般大。我有生以来第一次与它相逢,可它不肯露面。它翘着小屁股,一头扎在人体里,怎么碰也不动一动,像水田里的蚂蟥。徐曾无意中谈起,在下察隅的密林里,她身上爬上一百多条蚂蟥,来不及处理,处理了也白搭,还得爬上去,爬在胳肢窝里最不好受。徐催我:"拿烟头烫呀!"

"要烫痛肉的!"

"不要紧,可以忍受。不能硬拔,拔不出;拔出一半来,头还在里边,得开刀。"

"是吗……"我取出带手电灯的放大镜(那是我在北京东四大街的文具店买来的,只两元多,倒成了我们队的先进工具了。可怜的野外考察队!),小心翼翼地,朝着她的肩膀头烫过去。

"你看见它那八只腿了吗?"

"看见腿了。"

"腹部鼓鼓的,吃得多饱。"

"看见了,它在动,你别动!"

"啊……好……好啦,它不动了现在你看我拔它出来,你看得清楚吗?太好了,它的口器还是完整的,你用放大镜仔细看……"

"好啰,好啰! 看你的肩膀吧,要不要擦药?"

"不用,你看它的嘴,是刺吸式口器……"

"把衣裳穿起来! 你——呀!"

"问一问朱老师,要不要这完整的草虱标本。"唉,没治!

当夕阳披上新娘的盛装,小尼玛回来了(尼玛,藏语:太阳)。昨天上午他下山去部队伙房取盐。我们的食盐,装在用过的敞口罐头筒里,先是放在木架下层,被牦牛拱翻,洒了一半;我们又把罐头放在高高的岩石上,藏在结着小红果的枸子木丛中。没想到又让大马给衔了,倒翻在泥里,只剩下罐底几勺盐,前天早饭后,我对徐凤翔说:"咱们没盐了,得派人下山去取。"徐正记什么,连头也不抬,慢悠悠地:"还有糖吧。"我气啦:"别理她,她不食人间烟火!这么重的活儿,不吃盐,怎么拿得下来,白玛副连长你下命令:尼玛,立即下山取盐!"如今小尼玛的军用背包里,凸凸地塞满十斤盐、十封蜡烛和许多杂物回来了。他远远哼着歌儿,用口哨打着过门:"……在那密密森林里,有我们无数的好兄弟……""尼玛回来啰!""尼玛!""小尼玛!""好尼玛!"我们八个人都欢呼起来,站了起来,走了过去,奔了过去,仿佛隔世见到了亲人。只在此时此刻,我们才忽然觉悟到,我们险些永别了尼玛——太阳!

"小尼玛,你想我们吗?"徐凤翔问。

"正儿八经地想哩!"尼玛不知从哪部电影的对白里学会了句"正儿八经"。"我正儿八经昨天做梦也梦见你们。"小尼玛才18岁,半个脸都让长着长长睫毛的眼睛占了,什么事都抢着干。夜里,数年轮,数着数着他的头就枕在圆盘上了,催他去睡觉,他还说:"不困,正儿八经一点儿也不困。"他空下来,就大声读汉文——《西藏文艺》里的文章,吹口琴,唱歌儿……

"小尼玛,你昨天不在太可惜了。"小邹说。

"你们跳舞啦?"因为我们说过,拿下第十棵树要举行舞会。

"比跳舞还乐。"胖朱说。

"喝酒啦?"

"尼玛猜不着!罚!罚!"伊觉又还原了。

只白玛和曲珠像好管家似的,去装盐,分蜡,分劳动手套、电池、防晒油……

徐老师像个老师的样子讲开了:"尼玛,你将终生遗憾。"

"什么好事?"尼玛问。

"太好的事了。你想想:世界上40多亿人口,吃蘑菇中毒的百分比占多少?"

"你再算一算:世界上吃了毒蘑菇,而又没有死的占百分比多少?"

……尼玛悟过来了,一下子跳将起来,大声喊:"什么?你们中毒啦?怪不得一下子都瘦了!"尼玛那一对有着藏族特点的又深又大的眼睛,一下子涌出了泪:"徐老师!黄老师!……我背你们下山去医院!"

"你一个人背几个呢?尼玛?"徐老师问个没完了。

"我……我一个一个背!快!"

"小尼玛,我们不要紧啦!"我心疼尼玛了。

"真的,都不要紧了吗?"尼玛不放心地审视我们的一张张蜡黄的脸。

徐笑了:"不要紧啦!今天晚上照常工作。只可惜你没有享受到这份福气。"

"……福气?"尼玛擦了擦眼角的泪。

小邹问:"小尼玛,如果你回来,看见我们都死了,你怎么办?"

"那我也死!"尼玛斩钉截铁地说。

徐老师说:"不对,你应该下山去报信。"

"正儿八经我绝对不会想到去报信,全队都死了,我一个人怎么能活着?正儿八经只有死。"

"你怎么死?"

"用枪把自己打死,要是还剩有蘑菇汤,喝了死。"

"尼玛,你不能死……"

"正儿八经一定得死,和你们一起死!"他好像马上就非死不可,脸都涨红了。

"尼玛不死,不死,我们不是也都没死吗?好尼玛……"徐老师抚摸着尼玛的肩膀。

尼玛的眼泪啪哒啪哒地掉下来,用袖子捂着鼻子哭了。徐凤翔的大眼睛里也啪哒啪哒地掉下泪来。我们的眼圈也红了。此时此刻,真觉得活着是多么好:因为人间有着可爱的尼玛——太阳。

不 治 之 症

同志们已转内业,帐篷里没我摆摊的地方了,什么也不能碰,满地都排列着分门别类的根、须、叶、籽、土……同时,我急盼一封回信。

我比"大部队"早六天下山。因为我犯了"不治之症"——我想开写;但不是写文艺作品,我想帮徐凤翔呼吁和申请这么一座小木屋。

我下山的第二天,就发现环抱的群山,像被裁缝师傅弹了粉一般——雪线陡然齐崭崭地下降了。这里,已进入隆冬。"大雪盖不住热锅",同志们不会在意的,只是更艰苦了。

啊,如果能有一座小木屋该多好啊!玉树琼花丛中,一座覆雪的小屋,小小的玻璃窗(记住,下回进藏,要带几块玻璃,很难买到)。玻璃窗下结着雪花形状的美丽图案,屋里点燃着从自然倒下的树上劈下的柴火。当然,能利用山泉的落差发电,小木屋的取暖照明就都有了,还可以灌溉人工苗圃,建起杂木加工厂……兔妈妈带着孩子们来串门……唉,我想:这些知识苦力啊!说是脑力劳动者,可又要付出惊人的体力。活儿是那么繁重、又那么精细,那么规正、又那么琐碎,在普通人看来,又是那么枯燥。周而复始,每天每天,从晨光熹微干到月移中天,没吃过一顿夜点。烛火烧焦了额发,漆树过敏搞得满身是泡,脸都肿得没鼻子了,还不肯吃我带的扑尔敏药片,怕打瞌睡。他们究竟图什么呢?徐凤翔的职称是其中最高的,一个月工资87元。朱老师硬是退了机票,不然此刻到家守着老婆孩子了。小邹老师瘦瘦的,一天上肩几千斤。被我们"拐"来的小李子,本来可以坐在办公室里……

回信来了。一个星期才有一次邮班。已经一个多月了啊,我进山前就发了,是写给老范的。我得悄悄问问清楚,他对妻子要求长期留藏,究竟怎么想?我要求他坦率直言。是的,这不是说说玩玩的事。如果我再帮徐凤翔加把劲,定位站万一批准了——上了笼屉的馒头,碱大碱小,都没法往下揭了。我得在落笔前掌握分寸。

我猜不着范自强将写些什么,更想不到天天和试管打交道的化学家,会寄来一把子诗!且看"诗管"吧:

我过去看过不少旧小说,经常有"有诗为证"的说法。自然这是一种写作方法。我以前往往以为是"滑稽可笑"。但从"诗言志"这点来看,有的诗是可以做"证明"的,它是一种"心音"。敬发以证。

赴藏临别凤翔自咏　七绝四首
(怪不得徐那么有滋味地读唐诗绝句——英评。)

　　人生倏忽数十年,焉能虚度如云烟。
　　鸟过留声人留迹,献身林业了终天。

　　少年立志在山林,如今白发染双鬓。
　　愿效苍松傲霜雪,汗水浇得遍山青。

　　暮春三月江南绿,东风和煦花锦簇。
　　柳丝千条绾不住,壮心飞向珠峰麓。

　　任重道远赴边疆,夕照征途鞍马忙。
　　毋需返顾江东岸,留得余辉育栋梁。

当时,我和了四首:

送凤翔赴藏　自强

二十余年多离别,今日骊歌又频催。
此去西域长经年,思君忆君情更切。

志在伟业立功言,不顾儿女私情绵。
女子四海亦为家,巾帼须眉有今天。

立地艰辛出坚材,气候乖戾炼魄骸。
人生白驹间隙过,以苦为乐高境界。

送君神思忽有失,学君为党心如一。
临别赠言无从说,努力加餐顾劳逸。

1979年2月,我去西藏农牧学院讲了两班化学课。我当时去的目的,是要了解一下西藏的情况,以决定是否同意凤翔长期在那里工作,因她去藏前已经有这个抱负("毋需返顾江东岸");当然也是去为西藏的教育做点贡献,是有点公私兼顾的。

我去后,感到西藏的教育很落后,很需要师资;林业是很有前途的。我支持她在那里工作。为此,我和西藏农牧学院、自治区教育局的领导都谈过(凤翔自己当然也谈过多次)。他们表示从精神上很钦佩和理解;但实践中行不通。他们说,当时说明是援藏二年,不能说了不算数;不能留下,怕"影响不好"——即外间会认为西藏把人"扣下",会吓得别人以后不敢再来援藏了。即使自己要求留下,但领导上也说不清,别人会认为是做了工作的缘故,如此等等。因此凤翔在1980年8月返回南林。在离藏前又写了一首诗:

清风明月伴我还

离家别子事征鞍,誓把余生献高山。
跋涉山林何惧苦,笔耕达旦墨犹酣。
坎坷半百知音少,丹心一片入门难。
匆匆两载高原梦,清风明月伴我还。

(英注:"丹心一片入门难"——此感慨系由徐凤翔同志从青年时代到现在,屡屡要求入党,未予批准而发。提及此事,她眼圈就红。我劝她说:"别难过,等你死了,一定能追认为中国共产党党员。"……)

1980年返回后,凤翔对西藏的林业还是念念不忘,奔走呼吁林业部、国家科委等单位,幸得上级机关的支持,拨给经费,1981年得以再次入藏。她又酸气冲天,写了一首七律。

重上高山归林海

人回江南心未返,梦魂萦绕云树间。
功名得失慵挂齿,事业长存勤登攀。
松涛声声呼远客,雅江滔滔洗征帆。

> 重上高山归林海,面壁十年也心甘。

行啦! 明白了。范自强的态度,不是中性 pH7,而是浓烈的强酸!

我赶快翻阅报纸,想了解社会生态。我查找了近一个月的报纸,焦急地想知道中央目前发展科学的大政方针。我忘了问徐凤翔,"高山森林生态定位研究"是应用科学,还是基础科学? 若说是应用科学,仿佛谁也不等待着她的数据来指挥生产,若说是基础科学,不像? 连我都大致能懂,就不像。"定位站"究竟该不该上马? 可能不可能得到切实的支持? 一共 10 来个人编制,当然要花一笔基建费,小木屋里得有仪器设备,也得有常年经费。国家不富,但如果要做,也不过似在大森林里移棵小树苗。哪个大科研项目省个零头也就够了。但是,她已经申请了三年! 常有这样的情况:天大的事,一句话定了;不丁点儿的事儿,却得讨论研究个没完没了……我庄严地拿起了笔,不是写稿,是写请求书,请求建立这座科学的小庙——勇敢、意志、智慧的圣殿。

抬头我空着。因为我不知该写到哪里、写给谁。生态定位站的建立,标志着一个国家的科学与文明的水平。而我国的生态定位站还寥寥可数。西藏自治区负责农、林、牧口的领导同志,热诚地表示支持建站;但是,定位站编制虽小,却不能直接挂在自治区党委和政府里啊! 怎么办? ……我细细历数与此有关的机构和领导干部花名册,拿不定主意……

我写了撕,撕了写,写……

要命！我只上过短期文学讲习班,没上过"请求书"讲习班。可怎么求呢？

要命！我又不守规矩了。纸上出现了另一对眼睛。和定位站——小木屋、和徐凤翔、和我要递申请书的对象——领导干部都无关的眼睛。正是：

> 默思上师的尊面,
> 怎么也没能出现,
> 没想那情人的脸蛋,
> 却栩栩地在心上浮现。
>
> ——《仓央嘉措情诗》

啊,六世达赖仓央嘉措的情诗,写得妙！

这对眼睛,如此这般地凝视着我,凝视着我——那是另一位女植物学家的眼睛。她的眼睛早已永久地阖上了。她的名字：吴素萱。

吴素萱,北京植物研究所已故植物细胞学家。她在青年时代,孑然一身,远涉重洋,艰苦学成。归国后,搞植物细胞研究,每天每天,从叶片上取下一粒汗毛孔大的小绿点,在高倍显微镜下观察。她创立了"细胞核穿壁"的学说。但当时,有的权威说是偶然现象。她的论文没能在年会上宣读；以后,只发表在一个不显眼的期刊的不显眼的版面上。她没有结过婚,她依然每天观察小绿点,把青春和爱情都给了小绿点。40年过去了,一批有声望的外国科学家到中国来。他们说:"说到我们研究工作的成就,不能不感谢贵国的吴素萱先生。她的'细胞核穿壁'的学说,对我们启发很大……"于是人们赶快找吴素萱。她已经 60 多岁了,在洗瓶子。她的科研课题,早在十年浩劫中,被当做"三脱离"典型给"砸烂"了。人们忘了自己也是细胞构成的!一直到 1978 年的春天,当全国科学大会召开时,"细胞核穿壁"学说被当做新(?!)的科研成果,陈设在成果展览大厅。一对穿壁细胞,如同银幕上一对眼镜的特写。我亲眼见吴素萱纤弱的身影,一步跨两个台阶,进入人民大会堂。那时,她的课题虽几经周折却还没有恢复。待到……待到真的要上这个课题时,她永远地闭上了眼睛。而半年后,报上竟出现"吴素萱正在实验室工作"的报道。(积压的稿件见报了,积压的人……)吴素萱悄悄地活过了,也悄悄地离去了。我曾经几度写过吴素萱,但她的一生,像画里的一弯冷月,没有圆过,我不忍发。我的性格不适合写她。但当我想到徐凤翔时,她的前边老站着吴素萱,闪着那对大眼睛。我不想再看到、听到又一个、又一个吴素萱。萱姐,我能不能说一声:

"你安息吧,你瞑目吧!"能不能?能不能?能不能?

科学,是人类智慧的集中和概括。它离不开时代和群众。但同时,一个科学家,往往就意味着一个课题,课题的生命连结着这一科学家的生命。科学家的福与祸、生与死,往往也是课题的进与退、立与毁。当然,人亡学存者,古往今来多矣、多矣。

徐凤翔的课题,从常识上讲,是需要的。世界上先进的国家,哪有不重视调查自己生存的条件、财富、蕴藏……的呢？何况生态调查具有国际意义。听说,日本曾想投资人力物力,在我国波密地区建立高山森林定位研究站,我们未允,现在在尼泊尔境内建了日尼合作的定位站。此事未允,这没什么。我们完全有能力自己搞嘛!

> 宝贝在自己手里,
> 不知道它的价值;
> 宝贝归了人家,
> 不由得又气又急。
>
> ——《仓央嘉措情诗》

这样的教训我们还少吗？我们完全可以对人类多作贡献嘛!同一纬度的垂直带谱的研究成果,将有益于环球!

但是,科学家从社会生产力的发展、从生物的进化发展,提出了时代的命题。如果人们还不认识它之重要和必需,那么,就并不是他个人能不能得到支持的问题。

如此,科学家的请求,如树叶落在厚厚的地被物上。如此,我这个非科学家的请求……

我不再写申请。这仿佛是串了行,不对路。

我呆呆地愣在那里,视觉却并非空白。吴素萱在凝视我。她的双目已不能转睛,却能传语。在这对眼睛上,又清晰地叠现、推出徐凤翔的眼睛,一闪一闪……

江水在私语

压根儿没见最好,

也省得神魂颠倒。

原来不熟也好。

免得情思萦绕。

——《仓央嘉措情诗》

眼睛呀,眼睛——孽缘哟!为什么总是让我碰到这样的眼睛?

眸子里闪着,是泪花还是喜悦?是希望还是失望?是激情还是愤懑?是信任还是怀疑?是追索还是祈求?……

推算起来,还是1979年秋天的事了。我去成都列席旁听一个学术会议。会议重点:是对我国"生态平衡"问题进行交流、讨论。

生态学,作为一门学科,国际上极重视。19世纪德国文学家歌德,于1786年往意大利寻诗,却迷上了植物生态,朝夕为伴。4年后,出版了《植物形态学》——此大自然的理论诗篇之诞生,早于诗剧《浮士德》。

在我国,研究此学科的学者也不少。"八十不稀奇"的生态学家侯学煜,本身就是生态学的先锋树种。从40年代初,他就在《贵州日报》上呼吁:切不可如何如何,万不可如何如何;要因土制宜,要保护植被……那年月,哪个听他的?生态学,哼,大小"黄鱼"生意学还顾不过来呢!可他还是喊啊:切不可……万不可……!又喊了三十多年,像树籽飘落在大海里。直到十年浩劫之后,我国国民经济濒于崩溃,天神地母也愠怒无常,洪、旱、涝、碱一起泛滥,泥石流汹涌直下,"生态平衡"这词儿才不胫而走。从中央到地方也把这并不新的词儿,列入议事日程表。各级党政负责人,嘴上笔下倒也渐渐常挂着它了。只是"民以食为天"的古训,还一个劲儿挤它、挤它。唉,只怪稻、麦、菽、粟也忘了本,忘了它们怎样才得生存。连秦始皇还不焚种树的书哩!

侯老之业(在佛教中,人之生时所为,亦为业),够写本生传十三卷。但他是个有争议的人物。笔音道行未满,未能超凡,且暂按下不表。只是纵借我以明察因果之目光,"普耀经"中所载三十二种功德毫无欠缺之人,又何处寻来何处觅?

"开始了很久了吗?"生态平衡会议日程进入大会发言,我进入会场时,又晚了。俗务缠身,做不得学问。我悄悄溜边进去找座位,一位女同志挪了挪身子,我坐到了她旁边。

她没答理我,还盯着发言人,继续记她的笔记。直到发言者在掌声中下台,她才从活页本上小心地取下前几页,递给我,也才顺便地瞄了我一眼。好锐利的目光,是谴责我不守时刻吧,职业的敏感使我猜测她是个老师,并常用这样的目光对待学生。幸而她旋又微微一笑,随即转过头去。

我瞄着她手中纸上娟秀的字体和简明的摘记,并同时以我的广角视线,从头到脚打量着她:短短的头发、纤弱甚至娇小的身躯,一身学生式的打扮,倒也和她的中年的年纪相配,尤其那双眼睛,眼睛!无论刚刚从正面,还是此刻从侧面看:怎么形容呢?

美丽？不恰当。刚毅？不适合。明锐？不确切。总之，这是一双值得拍摄大特写的眼睛。我们的银幕上，需要这样的眼睛——蕴蓄着知识者的专注的内在的坚定。

"现在请南京林学院援藏教师、西藏农牧学院徐凤翔同志发言；下一个……准备。"

她站了起来。我忙侧腿让路。果然是老师？判断的准确使我沾沾自喜。

徐凤翔像所有惯常上课的老师一样，从容走上台去，条理与口齿都很清楚地讲开了。

她先是概述森林与人类发展之关系。我心里直替她嘀咕："不必要！下边坐的都是专家。"接着，她又讲到全世界应该在哪几处建立高山生态定位站，西藏东南是一处。"嗳，你管全世界干吗？"我替她着急。然后，她对"生态平衡"一词提出异议，她说："符合自然界演替规律与人类社会需要的生态关系是协调关系。我建议以'生态协调'，代替'生态平衡'。"嗬，口气不小！谁理你？喊了几十年生态平衡还行不通，谁还顾得过来协调？何必如此"较真"！

当徐凤翔不再像个老师、学者，而是像个小姑娘似他讲到西藏有多美多美的森林，大会主席眯起眼微笑地按时揿铃了。每一发言只允许15分钟！此刻是预报铃。徐凤翔急遽加快节奏，把1/4拍换成1/16拍，但未截枝剪叶。她建议在藏东南建一座"定位站"，定点观测、分析生态环境和森林，以及林区农、牧业之间协调的关系，为林区生产综合布局和技术措施提供理论依据。她说哪里哪里的森林,是祖国的珍宝,在国内外资料上迄今还未查到有如此高的森林蓄积量⋯⋯铃声再度响了!徐凤翔涨红了脸执拗地说下去:"我要求有关领导、有关方面郑重考虑建站。可以因陋就简,先盖一座小木屋。我愿长期参加这一工作,把自己的一切,献给西藏的森林!"铃声大作!在礼貌和同情的寥落的掌声中,在赞许和睥睨的翳翳的目光中,在透了口气而不一定含恶意的笑声中,她抿了抿嘴唇,矜持庄重地走下台来。是的,听烦了"豪言壮语"的学者对所有的宏图大志都持审慎态度。科学重在实践,不过,幻想是科学的先行。我特意站了起来给她让座,向她索取发言提纲。可是,她把头埋了下去。我懂,这节骨眼上,别碰她,别碰她⋯⋯

发言就是发言。一个普通知识分子的发言的分量,在天平上占不占、占什么样的砝码,那就要看"国内的、国际的、区域性的、总体的、符合规律的——自然规律、经济规律、社会结构及发展规律——新的、动态的生态协调的需要"。以上,这位女生态学者的观点,所涉及的,都是她八竿子挨不着边的。她怎么没测测自己在社会生态环境中的位置?唉,在1979年百废待兴、万机初理的时刻。

当大会闭幕,代表们分别回返时,我不意在嘉陵江畔又遇上她。她戴着小白帆布圆帽,那是植物学者在野外活动必备的。猛一看,我还以为是少先队辅导员哩!我们并肩漫步。我兴致勃勃地说:"这一画面很有特色。彩角胶片偏黄些,就更显得深沉。"她锐利地盯了我一眼:"还不够黄?江水多混浊!含沙量增加了,水位大大下降;下游的森林砍伐得太苦了,都'剃光头'了。生态失调的苦果……"三句话不离本行,彼此彼此。

"回西藏吗?"我问。

"回西藏。"她用力抿了抿嘴唇。

"……没有什么反响吗?"

"……"她明白我指的是她的发言。她看了看我,那双眼睛比话复杂。

我久久望着混浊的江水,心里打着旋涡。

"我希望……有一天到西藏去看望你。看望你的多美多美的林园。"我不能轻率允诺,许愿总要还愿。作为作家,我心里揣着个"踏中华"的小小念头。可是西藏从地理、风俗、语言、气候,从那使我们血管性头痛患者畏惧的海拔高度——按照我国规定:以黄海平均水面作为全国高程的基准面来测算,上海除西部残丘外,其余多为海拔 5 至 10 米左右。而拉萨是 3 700 米,还是拉萨河下游谷地……我,我始终还没敢把它列入自己的行程。

她瞄了瞄我,笑了笑。我明白:她不相信我会去。她也不在意我是去还是不去。

"我想,咱们会在西藏的森林里再见。"我伸出右手。

嘉陵江水在私语、在低唱、在啜泣。她的眼睛在探测我的目光。我们的手握在一起了。我赶紧倍儿脆地说了声:"再见!"掉头跑了。

江水啊,你作证,你担保,可别让我失信!虽然我根本搞不清什么叫"定位站"!我……我只明白她想要一座小——

木——屋。

滔滔的江水啊,提醒我,相信我,如果我有分身法,我愿追逐哟,追逐每一对专注的坚定的目光,追逐到江之源,天之边!

纸上我自作主

没有树。

拉萨、日喀则的几座"林卡(庄园)"除外,简直看不到林子。

山又水,行驶在山南、藏北,沿途往往多少小时,视线所及,没有一棵树!

在上海都市,人的视野通常只限制在一二百公尺内。住家的晾衣裳竹竿,可以伸向邻居的窗台。而在西藏的山头,人的视野可扩大到300多公里。仰天,离我们有16.3和26.4光年的牛郎织女星,仿佛来到近在咫尺的电视屏幕上。只是,树……没有!

北京牌吉普在山路上跳着"迪斯科",沙石敲击车窗为它伴奏。一天,两天,车窗外是五颜六色的无尽的山峦,是无边的湖泽,是无际的草原以及和天野浑然一体的牧民、帐篷、牛羊。而那乌黑色的,是泥煤——草的古尸;那深褐色的是牛粪。牛粪作为燃料,要卖到每百斤七元钱。徐凤翔说的多么美多么美的大森林在哪儿?徐凤翔又在哪儿?

三年了。从1979年秋到1982年秋。这是一个变革的年代。我听说,中华人民共和国林业部批准了徐凤翔的单项研究课题!即:她可以征得南京林学院同意,去西藏考察,经费以节约为原则……这种例子可不多——由国家部门直接支持一个知识分子的向往。徐凤翔不必再像蔡希陶(云南植物园的创始人),在旧社会先去种烟叶、卖烟叶……虽然她还属单飞的季候鸟,年年来西藏,还没"小木屋",也算得上时来运转的了。说不定哪一天,又一个贺老总,又一个周总理,像当年跑到蔡希陶面前那样,问徐凤翔:

"你搞研究需要多少土地?这片山,够了吧?还需要什么条件?"于是,小木屋在林子里出现了……咦,我怎么也做起小木屋的梦?

"你认识徐凤翔吗?"我到处问。

"你问的是咕叽咕叽吧?"有人答。

"咕叽咕叽?"我疑惑地。

"是那位年过半百的女同志吧?"

"是过半百了吧,1979年,她48岁,可是像个少先队辅导员,戴着个小白帽。"

"是她,年年来,到处咕叽咕叽,人家叫她'咕叽教授'。"

"她怎么啦?"我以为她得了个不雅的绰号。

"咕叽,就是藏话'求求'的意思,咕叽个'熊掌牌'——就是在路边伸手拦车求捎脚;咕叽吃顿饭、借个宿;咕叽捎带标本;还从这个部到那个局咕叽建个什么站……""咕叽教授"——徐凤翔究竟在哪儿?

有人说:"听说她去了下察隅。"

"上个月,在樟木口岸看见她。"

"看见她在尼泊尔边境,傻看对岸的森林。"

"听说她打算去墨脱。那儿可只能步行,骑马都悬。"

那么,肯定她是在西藏。西藏土地面积120多万平方公里,等于12个浙江省,或者两个法国。出门就是山。我不能贴"寻人"告示;也不能"咕叽"公安部门"通缉"她。访问团离藏在即。看来前世少缘,今番我们要失之交臂了。

"黄老师,你打听徐凤翔老师吗?她就住在招待所南楼。"听到谁这样说了!我拔脚就往南楼跑,来不及看一眼、谢一声"传音天使"。

我下榻的北楼是住贵客和外宾的。南楼是普通客房。我匆匆穿过走廊挨门嚷嚷:

"徐凤翔!徐——凤——翔!"有的旅客好奇地打开门,我抱歉地:"对不起,咕叽咕叽,我找……"

没找到徐凤翔,却找到了几位新交的老外。

来西藏的外国人可真多。几乎到哪儿都碰见外国人。日本的颇负盛名的电视导演牛山纯一先生的摄制组,正在西藏转。中法地质考察队和我们同楼居住。每天每天,我看见北京来的师傅发动吉普送他们出去,再带回大大小小石块来。有位法国地质学者,腿一瘸一瘸的,也拄着拐棍去野外。一天,我听到有人用藏语读佛经,原来是法国毛头小伙子!在赛马大会上,美国朋友茉莉女士,迎着奔跑的马抢镜头……罗伯特和他的同屋到我房里喝甜茶。茶是藏族朋友格里和敏吉用八磅热水瓶送来的。罗伯特是奥地利人。西安——拉萨的机舱里,我正好坐在他的邻座。三十不到的年纪,留了个恩格斯式大胡子。他一句中文也不会,却懂得许多关于西藏的历史、地理。他在大学教史地,攒了两年的钱,到中国来。签证上写有去我国24个城市的许可。途经青海格尔木,要在那里过夜。他语言不通,又来找我。我只好当了他的临时半通翻译。格尔木机场的同志把他安排和中国旅客同吃同住,在国际上是当然如此的,在中国,一般都不是这规矩。到拉萨下飞机时,西藏文联的同志,向我们献哈达,他也得到一条,他高兴极了。其实,他的签证上没有日喀则城,他也去过了,穿着他那身旧了的圆领衫和蓝布工作服。他的同屋,三男一女,互不相识,都是节节省省地穷逛。你会常常碰到外国人灰头土脸地混在大卡车上头,那当然也是"熊掌牌!"我用小稿纸一裁二,当碟子,装上我从北京带来的花生米、糖、小点心。我们用混杂的语言和丰富的表情"谈"得无拘无束:

"你在找谁?也是电影明星吗?"

"只能说……可以是;应该是……应该成为我国银幕上的角色。"

"是什么人物?"

我想说生态学家,没学过这单词,"她是……森林的情人!"是的。"她疯狂地迷上了森林。整个中国,除了新疆和云南的西双版纳,大部分的森林她都到过。她用不着担心签证。"

外国朋友羡慕极了:"你们是老朋友?"

"是的吧。一共说过三句半话。"

当我与徐凤翔故友重逢时,她正在汉族的、藏族的、修表的、开车的、烧饭的、钉鞋的、采购的、探亲的一群人中。小小的施舍客房里,她正闪着大眼睛向大伙讲森林。她对谁都只讲森林。树林神供在她的心龛中。她是树林神教的传教士,经她布道而成为该教信徒者不少。迷了,中魔了!

中魔了!唵吗呢叭嘛哄——南无阿弥陀佛哟!三年啦,也已经深深中了魔的我,怎么办?

唉。具体的设想和规划,让"咕叽教授"自己再去咕叽吧。为了来年的经费,她也得再去咕叽,何况她站着、醒着、睡着、活着(哪怕死着)都在做小木屋的梦呢!有一次,我问她:"你是怎么决定学林的?"答:"高中毕业后,我跟同学们到南京大学去玩,南大森林系是在一座小木屋里,美极了⋯⋯"噫!就此许了终身。

我呢?我的好朋友曾送我一副对联:"天下岂能由我,纸上我自作主。"思前想后:老者老矣,如侯学煜;死者死矣,如吴素萱;生者⋯⋯虽说徐凤翔也只能再干半个云杉龄级——十年吧。果真有十年,也⋯⋯满足了。让每个科学研究工作者能获得专心致志于专业的十年,我们的国家将焕然一新!于是,我决定先在绿格稿纸上,为她搭一座小木屋,以祈福法灾。我把花灯笼挂在我的书桌前,点亮了心之光⋯⋯

不 醒 的 梦

才结凌的山道,最容易出事故。

当地驻军的领导同志们,心肠菩萨般的慈祥,几番劝阻、几番

"恫吓",软话"硬"话像连发的炮弹;徐凤翔全然不听,固执地非走川藏路不可,还非要走远而险的老公路线。

部队领导说:"你们从波密往拉萨,只 600 多公里。我们派专车送你们。到了拉萨,民航买不到机票,用军用机送你们。"

飞机上是难以详测树木的。所以徐凤翔固执地要行 1 838 公里到成都:"部队不是也在送老兵、迎新兵吗?战士能走这条路,我们为什么不能走呢?"徐反问。

"你们不同。"

"为什么不同?"徐凤翔是火箭也拉不回来了。

"那我们得请示上级。"

"别请示。我已经联系好车了。"

"昌都运输队吗?人家 11 月 25 日起也不发车了。"

"为我们发一辆!"

"又去咕叽了?"

在拉萨第一招待所,听徐凤翔讲树而中魔的司机冯随科,向运输站挂钩;经不起徐凤翔左咕叽,右咕叽,运输站领导答应放一辆车,并一叮咛、二嘱咐、三命令冯师傅——安全第一,绝对保证不出事故。天底下哪有绝对的事呢?

我呢?说实在的,我真想在波密孵到明春雪化时节;路况实在是险。我在哪儿写作都一样。可今番……我……豁出去了。有权的帮权场,有人的帮人场。为了小木屋的梦,奉陪了。

部队又留了我们一阵子,为我们放映电影,请我们给战士做报告,还很不好意思地恳请林学工作者们为部队的苹果树会诊。

剪枝行家朱老师第二次退了飞机票,在他的带领下,战士们学会并剪修了800棵苹果树。而徐老师又只身"闯"入波密县委会,要求给县委领导同志讲一讲森林生态。县委领导班子里只一二位汉族,其余为藏族,还有一位僜人。可热情啦!徐凤翔开讲那天,县委会议室里笼起一小盆炭火,大家聚精会神地听着。徐凤翔又眼睛一闪一闪地,从开天辟地、森林与人类之起源,从全世界、全中国的森林讲了一遍,更深情夸赞波密的森林多么美、多么美,保护森林有多大的好处,破坏了森林将造成多大的灾难……县委领导们也中魔了!连续三天开车来接徐凤翔,带着她察看全县的森林,请她选"小木屋"的基址,并说:"只要上级批下来……"啊,事实证明:我们的部队、我们的干部、我们的人民,不是不需要科学的!不是不欢迎科学家的啊!我……我不相信小木屋的梦不能实现,在我的社会主义的祖国。

徐凤翔和我终于坐在"解放"牌卡车的驾驶室里,带着部队炊事员起大早为我们蒸的馒头,炸的油饼上路了。

这部卡车呀,可真是老啦。历年所花费的修车钱,早够买两辆新车的了。它又刚刚"中修"过,漆得倒挺鲜亮,可是,在山路上一颠就露馅了:刹车不灵、离合器不灵、底盘的螺丝四个掉了仨、防滑链挂不上去。冯随科——也是命定要随着科学吧,在冰峰、雪岭、浓雾、月夜,他载着我们,险中有稳,稳中显险地驰过、蹭过、转过、溜过了大玛拉山、雀儿山、二郎山等一重又一重天险。险情就不说了,徐凤翔什么山道没走过?尤其这条道,她是熟路。可她一路手心常出汗,说:"我不该让你和我一起走,出了事,我可怎么承担得起?"我说:"我出事,你也出事了,谁也用不着承担。"冯师傅说:"唉,我驮着总共120岁的两位知识分子,这回是超载了。"一路说说笑笑。徐凤翔兴致勃勃,一会儿叫停车,下去采标本;一会儿下去拍照;一会儿到河滩上取水样……冯师傅也不辞艰险地随着科学工作者攀岩、下谷、上树、涉水……

悬崖深壑之夜,是这般静、这般静。连会车也极少。车灯的光射出去,我们往往会发现:远远的,一个、两个、三五成群的小黑点。迎面一步一长跪、五体投地、叩着头走来。车近了,黑影站住。车过了,从反光镜中看到黑影又跪下了。有时有一群黑影,缩在岩边睡着。那是虔诚的朝佛者。他们就这样地向拉萨——神住的地方走去。走两个月、三个月、半年。如果有人因冻饿、疾病死在路上,会被欣慰地认为是被神接去。初进藏时,我第一次见到此情景,曾震慑地呆住了,并悄悄地落过眼泪……

"我不如他们虔诚……"徐喃喃地说,她的眼睛凝视前方,眸子里蕴蓄着内在的坚定。

我懂,我承认:"……远远不如……"

我们——一个一个、一群一群、一批一批知识的苦力,智慧的信徒,科学与文化的"朝佛者"啊,我们也是一步一长跪地在险路上走着。怎是怎样的遭遇,我们甘心情愿,情愿甘心。

1982年11月起草于波密
1983年2月13日第一稿于上海
2月27日凌晨,二稿成
3月12日植树节定稿

编后记

春节期间,不是接待亲友就是拜访亲友,每天都在忙忙碌碌。

年初四早晨,我刚想翻看一下书桌上的报刊,突然电话铃响了。是黄宗英从医院打来的电话,电话那头传来她焦急而又微弱的声音:"小姜,真的要急死了,你快来救救我吧……"

"老黄,什么事儿?慢慢说……"

"《新民晚报》的'夜光杯文丛·个人专辑'要做我的一本书,将由文汇出版社出版,'夜光杯'副刊编辑贺小钢,把我在'夜光杯'上发表的文章全部打印出来了,请我筛选。可我视力差,体力也差,看了没几篇,就把头疼病急犯了……"

我一听,是编书的事儿,便安慰她:"老黄,别着急!书稿交给我来编吧。今天家里有客人,明天下午两点我到医院去,关于书稿,有什么具体要求,听您的,这样放心吗?"

"当然放心!几十年来,你帮我编了那么多书,如今你也是七十多岁的人了,唉,再让你为我受累……"

"老黄,静静心,好好睡一觉,等醒来的时候,心情轻松了,头也就不疼了。"

"知道了,明天见。"黄宗英平静地说。

年初五下午两点,我准时到了医院病房,黄宗英正坐在病床旁的椅子上等我。她说,"小钢说,这些在'夜光杯'发表的文章,总共有一百多篇,要我将不想收到集子里的文章先挑出来。"

"那好,书稿我带回家去,有什么问题,我们再商量。"

回到家,我放下手上其他的事儿,便抓紧时间看稿。

经过反复思考,我只抽掉了十多篇文章,然后将所有作品编为三辑:《百衲衣》《梦中梦》《霜叶血》。

《百衲衣》里的作品,是黄宗英近年来在《夜光杯》发表的专栏文章,无论写人、记事;无论忆旧、谈心……都写得亲切,自然,深情,隽永。

《梦中梦》里的作品,发表较早。对生活充满了希望,对自然充满了热爱,对人性充满了关怀。由于写在特定的环境中,风雨不断,云涌雾漫。这些作品却像美丽、圣洁的花,默默地开放,默默地吐露芬芳。

《霜叶血》里的作品,是三篇回忆文章和两篇报告文学。回忆往事,总是带着情,带着血,带着泪的,看着看着,就会泪眼模糊,心灵震颤。其中,《大雁情》和《小木屋》这两篇优秀的报告文学,不是在"晚报"上发表的,是黄宗英有意收入本书的。当年国家和社会正处在拨乱反正的关键时刻,《大雁情》和《小木屋》发表后,在读者中曾产生过巨大的影响。几十年过去了,人们仍难以忘怀。因为这两篇报告文学,在那初春乍暖还寒的日子,不仅道出了知识分子的心声、展现了科学家追求事业的品德,还提出了怎样进一步落实知识分子的政策,给他们一片宽广、自由的科研天地。它的社会效应,已远远超出了文学领地。唤起人们冷静地思考许多问题,有历史的,有现实的,还有未来的。

1994年4月,为了支持研究高原森林生态的专家徐凤翔,考察雅鲁藏布江大峡谷,黄宗英应邀参加北京电视台拍摄电视专题片《森林女神》《魂系高原》,这是她第三次进西藏。在雅鲁藏布江大峡谷她忘我地工作,没想到严重的高原反应,使她昏迷了两天两夜,凶恶的死神竟没把她带走。可是,从那以后高原反应后遗症,一直顽固地困扰着她。接着又患了几次脑梗塞,她只能以医院的病房为家了。十几年过去了,无论疾病怎样折磨,她始终没有放下手中的笔。

黄宗英十六岁便离开母亲,跟着大哥黄宗江到上海演话剧。那时她老想将来能像法国女演员萨拉·伯尔娜一样,演戏演到七十多岁,腿脚不灵活了,就坐着轮椅上台……如今,黄宗英已经八十五岁了,虽然没坐在轮椅上演戏,却坐在轮椅上顽强地写作。这本书的很多文章,都是在病床上或轮椅上写出的。她说人老了,又多病,遗憾没在西藏"光荣"了,以后不可能再找到比这更妙的机遇了。该死不死,不写又仿佛丢了魂,读者也见不到我的影儿,那就换个写法。于是,她在病房里给自己做了件"百衲衣",作为一个知情知意的病人,答谢关心、爱护她的读者和知音。

人生似戏。人生如梦。黄宗英似戏如梦的经历,使她总是把戏、梦、人生分不清。更何况我们的国土上,有那么多的风风雨雨,多少善良、正直的人,曾莫名其妙地陷入历史的泥潭,陷入人生的绝境。黄宗英能活到今天,而且还能在病魔的纠缠下,不间断地写作,应该说是个奇迹。这也是我对她敬仰、钦佩的所在。

　　看着编完的书稿,黄宗英不安地说:"小姜,又让你受累了……"

　　"老黄,别这么说。编你的书我从来不觉得累。在您的作品中,我总能更深刻地感受您的人生经历,精神世界和顽强追求事业的品格……"

　　黄宗英微笑地沉默着,目光中饱含着我能理解的亲切和会意。

　　我希望有机会再为她编书,一本,两本,五本,十本……那可是金钱买不到、权势也换不到的缘分啊!

姜金城

2010年3月30日夜